JORGE FREY
EUGEN STAMM

ERBE ALS VERANT-WORTUNG

Ein Kompass für die nächste Generation

NZZ LIBRO

Der Verlag NZZ Libro wird vom Bundesamt für Kultur
mit einem Strukturbeitrag für die Jahre 2021–2025 unterstützt.

Bibliografische Information der Deutschen Nationalbibliothek:
Die Deutsche Nationalbibliothek verzeichnet diese Publikation in der
Deutschen Nationalbiblio-grafie; detaillierte bibliografische Daten
sind im Internet über http://dnb.d-nb.de abrufbar.

Covergestaltung: icona basel gmbh, Basel
Korrektorat: Anja Borkam, Langenhagen
Layout & Satz: Gaby Michel, Hamburg
Druck: Balto Print, Vilnius
Printed in the EU
Herstellerinformation: Schwabe Verlagsgruppe AG, NZZ Libro,
Grellingerstrasse 21, CH-4052 Basel, info@schwabeverlag.ch
Verantwortliche Person gem. Art. 16 GPSR: Schwabe Verlag GmbH,
Marienstraße 28, D-10117 Berlin, info@schwabeverlag.de

ISBN Print 978-3-03980-031-5
ISBN E-Book 978-3-03980-032-2

www.nzz-libro.ch
NZZ Libro ist ein Imprint der Schwabe Verlagsgruppe AG.

FSC www.fsc.org
MIX
Papier | Fördert gute Waldnutzung
FSC® C107574

Für Clarissa und Hannah, mit Philemon und Kevin,
die einiges anders machen als ihre Vorfahren

Für Alice und Milo und euren Reichtum an Ideen

INHALT

DISKRETION

Wie in unserem ersten Buch «Von Geld und Werten» (Basel, 2019) ist uns auch hier Diskretion wichtig. Unsere Interviewpartner haben uns Einblicke in die Charakteristiken ihrer Familien gegeben und uns erzählt, was sie im Zusammenhang mit ihrer privilegierten Herkunft beschäftigt. Wir schätzen dieses Vertrauen sehr und möchten uns dafür herzlich bedanken. Ohne ihr Vertrauen wäre dieses Buch nicht erschienen.

Das vorliegende Buch «Erbe als Verantwortung» soll durch die inhaltliche Relevanz und die Auseinandersetzung mit dem Thema überzeugen und nicht durch Indiskretionen. Deshalb sind alle bei der ersten Nennung mit einem * gekennzeichneten Namen im Text Pseudonyme. Bei allen anderen Namen handelt es sich um Personen, die uns autorisiert haben, ihre Identität preiszugeben.

VORWORT

Im Sommer 2016 trafen wir uns zum ersten Mal zu einem Gespräch, das in einen Zeitungsartikel mündete. Unsere Leidenschaft für das Thema Family Governance führte uns dazu, zusammen das Buch «Von Geld und Werten» (Basel, 2019) zu schreiben. Darin fokussierten wir uns darauf, wie die ältere Generation ihre Nachkommen mit den finanziellen Privilegien der Familie vertraut macht, auf den Vermögensübergang vorbereitet und diesen dann vollzieht.

«Erbe als Verantwortung» ist die logische Fortsetzung davon. In diesem Buch liegt unser Augenmerk nun auf der übernehmenden nächsten Generation. Wer in einer vermögenden Familie aufwächst, kann sich glücklich schätzen – möchte man meinen. Doch die nächste Generation von Erben und Familienunternehmern steht durchaus vor der Herausforderung, sich zu bewähren, nicht zuletzt vor sich selbst. Die Nachkommen wollen nicht ein Leben lang nur als «Söhne» bzw. «Töchter von» gelten. Deshalb sprechen wir von einem Privileg.

Wie gelingt es ihnen, dem Familienvermögen eine eigene Prägung zu geben? Wie wahren sie den Frieden mit ihren Geschwistern, auch wenn diese ganz andere Lebensentwürfe verfolgen? Was erzählen sie ihren Freunden, warum sie sich plötzlich ein Haus oder eine Wohnung leisten können? Und finden sie das eigentlich fair, dass sie ohne eigene Leistung vermögend sein werden?

In einer Studie von Campden Wealth aus dem Jahr 2022 wurden 102 Familien aus den USA, die über ein Vermögen von mindestens 30 Millionen US-Dollar verfügen, zum Thema «next generation» interviewt. Unter anderem zeigte sich, dass die folgende Generation durchschnittlich im Alter von 25 Jahren zum ersten Mal über das Familienvermögen ins Bild gesetzt wird. Die Nachkommen erwarten, dass sie mit 48 Jahren die volle Verantwortung darüber übernehmen. Weiter sagten fast alle Befragten aus, dass sie sich in ihrer Vermögens- und Steuerplanung von externen Spezialisten beraten liessen. Bei der Nachfolgeplanung und dem Vermögensübergang waren es immerhin noch fast zwei Drittel. Und fast die Hälfte der Befragten hatte bereits Familienstreitigkeiten um das Vermögen erlebt. Eine wichtige Aufgabe, die potenziell mit Vermögen zusammenhängt, ist also die Verhinderung von Konflikten.

Die effizientesten Family-Governance-Instrumente waren laut den Befragten eine kontinuierliche innerfamiliäre Kommunikation (66 Prozent), regelmässige formale Zusammenkünfte (39 Prozent) sowie die Zusammenarbeit mit externen Beratern (32 Prozent). Im Sinne einer gelingenden Kommunikation soll dieses Buch dabei helfen, relevante Themen in den Familien anzustossen und den Lesern Einsicht in die Befindlichkeiten, Massnahmen und Handlungsalternativen von anderen Familien zu gewähren.

Wir haben mit mehr als dreissig Personen gesprochen, die finanziell privilegierten Familien mit Wohnsitzen in der Schweiz, in Deutschland, Österreich, Grossbritannien, Südamerika und den USA entstammen oder als Berater und Psychologin den Betroffenen zur Seite standen. Gern hätten wir diesen Kreis auf weitere Regionen ausgeweitet. In einigen Fällen interviewten wir direkte Nachkommen von Eltern, die wir bereits für das Buch «Von Geld und Werten» befragt hatten. Die Einstellung zu Geld unterscheidet sich von Generation zu Generation zum Teil beträchtlich. Andererseits gibt es auch Parallelen, die auf gemeinsamen familiären Wertvorstellungen gründen. Die hier wiedergegebenen Situationen, Erfahrungen, Meinungen, An- und Einsichten sind offensichtlich verschieden. Aufgrund der schmalen Grundgesamtheit von gut dreissig Personen wollen wir mit der folgenden Darstellung weder einen Anspruch auf Vollständigkeit noch auf Repräsentation vermögender Nachkommen erheben. Vielmehr möchten wir aufzeigen, dass es vielfältige Wege gibt, mit familiärem Vermögen umzugehen. Die Beispiele in diesem Buch sind als Anregung zur Selbstreflexion und zur Diskussion gedacht.

Die Vermögen der Familienvertreter, die mit uns sprachen, bewegen sich zwischen einstelligen Millionenbeträgen und Milliarden. Eine bestimmte Grenze, ab der die Auseinandersetzung mit dem eigenen Vermögen zur Pflicht wird, lässt sich dabei nicht erkennen. Die Familien der Interviewten sind in verschiedenen Branchen aktiv. Bei einigen bildet das Familienunternehmen noch immer den grössten Teil des Vermögens, andere haben sich von Unternehmer- zu Investorenfamilien gewandelt, und wieder andere befinden sich weiterhin erfolgreich im Aufbau ihres Vermögens. Einige aus der nachfolgenden Generation nutzen ihre privilegierte Ausgangslage für eine bewusste Auszeit oder für ein Engagement, das nicht von finanziellen Motiven geprägt ist. Eine befragte Person stammt ursprünglich aus dem Mittelstand, kam jedoch durch ihre exklusive Wohnlage regelmässig mit Menschen in Kontakt, die über sehr grosse Vermögen verfügten.

Der Titel des letzten Kapitels dieses Buches heisst – wie schon in unserem ersten Buch – «Vermögen als Aufgabe». So wie wir im ersten Buch die sieben wichtigsten Erkenntnisse aus der Sicht der übergebenden Generation formulierten, fassen wir hier in neun Punkten zusammen, womit sich die übernehmende Generation befassen sollte.

Wir freuen uns auf Ihr Feedback und eine Kontaktaufnahme via www.familygovernance.ch

EINLEITUNG

«Ich habe Dir
in Deinem Leben
viel ermöglicht.»

Vater an Clara*

«Deine Probleme möchte ich auch haben!» Das denken Aussenstehende, wenn sich jemand schwer damit tut, eines Tages ein Vermögen zu übernehmen. Es erscheint als pures Glück, in eine Unternehmer- oder Investorenfamilie hineingeboren zu werden. Was nicht sofort erkannt wird, ist, was es alles beinhaltet, sich mit dieser Situation auseinanderzusetzen. Seitens der Eltern ist die Pflicht, ihre Kinder an das Vermögen heranzuführen und die Kür, rechtzeitig loszulassen und für die Kinder, zu wissen, wie stark das Vermögen, welches nicht von ihnen geschaffen wurde, ihr Leben beeinflussen soll und wie sie es weiterführen wollen. Das gelingt nur selten reibungslos, wie die folgende Geschichte zeigt.

Clara* ist die Tochter eines erfolgreichen Schweizer Unternehmers. Ihre Schwester besuchte die Kunstgewerbeschule und hatte kein Interesse am familiären Handelsbetrieb. Für Clara hingegen stand schon länger fest, dass sie ihn dereinst übernehmen wollte. Sie studierte Betriebswirtschaft, arbeitete regelmässig während der Semesterferien im Familienbetrieb und schloss ihr Studium mit einem Master ab. Danach arbeitete sie für zwei Jahre im Ausland. Nach ihrer Rückkehr in die Schweiz baute sie im Familienunternehmen eine neue Abteilung für Digitalisierung und Prozessmanagement auf. Bis dahin lief alles nach Plan – aber als sie unpopuläre Entscheidungen traf, stellten sich erste Probleme ein. Langjährige Mitarbeitende, die das Vertrauen des Vaters genossen, begannen, hinter ihrem Rücken zu opponieren. In dem einen oder anderen Fall hatten sie damit auch Erfolg. Clara stellte ihren Vater zur Rede. Ein Streit entbrannte. Als Alleinaktionär war er es gewohnt, allein zu entscheiden, er wollte sich von seiner Tochter nicht belehren lassen. Clara sah sich in ihrer Entscheidungskompetenz beschnitten und fürchtete, an Glaubwürdigkeit zu verlieren. Dies schienen ihr ungünstige Vorzeichen für ihre spätere Übernahme der Firma. Der Vater, bald siebzig Jahre alt, meinte dagegen, er verlasse sich lieber auf sein Bauchgefühl. Der Erfolg der Firma gebe ihm recht.

Clara fragte sich, ob sie weiter versuchen sollte, ihren Vater von der Richtigkeit ihrer Entscheidungen zu überzeugen, oder ob sie das Unternehmen verlassen sollte. Allerdings wollte sie die Firma weiterführen. Ihr Lebenspartner hatte bereits zugesagt, die Betreuung der Kinder zu übernehmen, falls sie eines Tages eine eigene Familie gründeten. Clara besprach die Situation sowohl mit ihrem Lebenspartner als auch mit einem externen Berater. Aus diesen Gesprächen entwuchs ein Massnahmenpapier, das Clara ihrem Vater präsentierte:

1. Einigung über die von ihr vorgeschlagenen Massnahmen in der Betriebssteuerung;
2. Aufbau ihres Nachfolgers im Bereich Digitalisierung und Prozessmanagement, anschliessend Wechsel in die Abteilung Einkauf unter klaren Zielsetzungen;
3. bei Erreichen dieser Zielsetzungen Beförderung in die Geschäftsleitung der Firma und Wechsel in die Verkaufsabteilung;
4. komplette Übernahme der Firma zum 73. Geburtstag des Vaters, der zwei Jahre Verwaltungsratspräsident (VR-P) bleiben und dann definitiv ausscheiden sollte;
5. Finanzierung der Übernahme durch ein Darlehen des Vaters, das sie innerhalb der kommenden fünf bis sieben Jahre zurückzahlen wollte.

Abgesehen von kleineren Einwänden war ihr Vater einverstanden. Zunächst entwickelte sich alles wie geplant. Doch dann, im letzten Jahr, bevor der Vater als Geschäftsleiter zurücktreten sollte, tauchten neue Probleme auf. Clara zog einen grossen und einträglichen, aber auch sehr komplexen Auftrag an Land, wofür sie der Vater kritisierte. Als ein langjähriger Mitarbeiter, der mit Clara zusammenarbeitete, kündigte, warf der Vater Clara vor, die Belegschaft zu verheizen. Als sich die Differenzen vertieften, stand für Clara fest: Ihr Vater wollte auch mit 73 Jahren das Steuer nicht aus der Hand geben. Die Sachfragen, um die sie stritten, erschienen ihr als Symptom dafür. Abermals entbrannte der Konflikt. Clara berief sich auf ihre Absprache, der Vater brach das Gespräch ab. Eine Woche später erhielt Clara von ihrem Vater den folgenden Brief:

Clara,

Du hast mich einmal gefragt, was mir in meinem Leben am meisten fehlt. Ich habe Dir damals erzählt, dass ich meinen Vater vermisse. Ich würde gerne mit ihm zu Abend essen. Mein Vater hatte zwei Söhne. Keiner von uns beiden war darauf vorbereitet, die Firma zu übernehmen, als er unerwartet an einem Herzinfarkt starb.

Ich würde meinem Vater gerne erzählen, was ich aus seiner Firma gemacht habe und wie ich dafür gekämpft habe, dass sie das geworden ist, was sie heute ist. Ich bin sicher, dass er heute stolz auf mich wäre.

Wenn ich unter meinem Vater in der Firma gearbeitet hätte, hätte ich mich Tag und Nacht eingesetzt und wäre ihm dankbar gewesen, dass er mir ermöglicht hätte, unter ihm zu arbeiten und zu lernen, das Geschäft zu entwickeln und mich zu beweisen.

Unglücklicherweise handelst Du komplett anders. Seit Du in die Firma eingetreten bist, musste ich immer wieder Brände löschen. Du hast Dein Büro mit eigenen Möbeln eingerichtet, die ein Mehrfaches von dem kosten, was ich in meinem Büro stehen habe. Langgediente Mitarbeitende haben uns verlassen, weil sie mit Deiner Geschäftsführung nicht einverstanden waren. Dafür hast Du andere angestellt, die nichts bringen. Unsere Marge im letzten Verkaufsgeschäft war zu tief, weil Du keine Geduld hattest, das Verkaufsgespräch mit unserem Geschäftspartner auszusitzen.

Ich habe Dir in Deinem Leben viel ermöglicht.

Heute bereue ich, dass ich einwilligte, Dir an meinem 73. Geburtstag die Führung der Firma zu übergeben und Dir meine Anteile zu verkaufen. Ich werde es nicht tun, auch wenn ich damit in Deinen Augen ein unzuverlässiger Vater bin. Ich bin enttäuscht davon, wie Du Dich mir gegenüber verhältst. Wüsste Dein Grossvater davon, würde er sich in seinem Grab umdrehen.

Dein Vater

Clara war fassungslos über den Wortbruch ihres Vaters und dessen mangelnde Anerkennung für ihren eigenen Weg. Sie hatte genug, zog sich aus dem Familienbetrieb zurück und baute zusammen mit ihrem Lebenspartner eine eigene Firma auf. Sie bekamen ein Kind. Als ihr Vater schwer erkrankte, fragte er Clara, ob sie sich als Verwaltungsrätin zur Verfügung stellen würde. Das Geschäft war eingebrochen.

Clara willigte unter der Bedingung ein, dass der Vater ihr einen Teil der Aktien bei Übernahme des Verwaltungsrats-Mandats und nach einem Jahr die Mehrheit verkaufte. Der Vater war, nach kurzer Bedenkzeit und Konsultation mit Claras Schwester, einverstanden. Clara wurde zunächst Minderheits- und nach einem Jahr Mehrheitsaktionärin. Daraufhin übernahm sie die Leitung und setzte einen externen VR-Präsidenten ein. Als ihr Vater starb, erbten sie und ihre Schwester mit dem Einverständnis ihrer Mutter die verbliebenen Aktien. Claras Schwester willigte ein, ebenfalls Mitglied des Verwaltungsrats zu werden. Clara war der Meinung, dass ihre Schwester aufgrund ihrer Berufserfahrung eine gute Ergänzung für den Verwaltungsrat sei. Clara konnte nun ihre Visionen umsetzen und das Unternehmen nach ihren Überzeugungen und unternehmerischen Massstäben leiten. Zu Lebzeiten des Vaters war dies nicht möglich gewesen. In ihrem Führungsanspruch waren sich beide ähnlich gewesen.

Eine erfolgreiche Family Governance setzt voraus, dass die Familienmitglieder konsensorientiert aufeinander zugehen, die Individualität der jeweils anderen akzeptieren und gleichzeitig das grosse Ganze nicht aus den Augen verlieren. Unternehmen und Vermögen geordnet und möglichst friedlich an die nächste Generation zu überführen, gelingt nicht von einem Tag auf den anderen. Ein solcher Prozess kann Jahre dauern. Diese Arbeit bleibt Aussenstehenden oft verborgen, und er beginnt unseres Erachtens mit der Geburt der Kinder. Die Verantwortung der Eltern für die nächste Generation, ob mit oder ohne Reichtum, ist in den ersten zwanzig Jahren enorm. Exponierte Familien mit grossem Vermögen, denen der Übergang misslingt, haben nicht nur mit den daraus erwachsenden Problemen zu kämpfen, sondern sehen sich auch den Mutmassungen der Medien ausgesetzt.

In der linksliberalen britischen Zeitung «The Guardian» äusserte sich Ingrid Robeyns, Professorin für Wirtschaftsphilosophie an der niederländischen Universität Utrecht wie folgt: «In a country with a socioeconomic profile similar to the Netherlands, where I live, we should aim to create a society in which no one has more than € 10 million.». Sie begründet dies damit, dass ein solches System nicht nur einer fairen und kohärenten Gesellschaft mit einem ausgeprägteren Gemeinschaftsgefühl zuträglich sei, sondern alle Menschen am glücklichsten mache. Ein Vermögen ab 10 Millionen Euro, so können wir schlussfolgern, bietet für die Betroffenen keinen zusätzlichen Lebensgenuss, vielmehr kann es die Nerven strapazieren und einer gerechten, kohäsiven Gesellschaft abträglich sein.

Wir wollen diese Aussage nicht werten sondern darauf hinweisen, dass sich die Generationen mit dem Vermögen beschäftigen sollten. Vermögende Eltern sorgen sich, ob die Kinder bereit und in der Lage sind, das Unternehmen und Vermögen zu übernehmen und erfolgreich weiterzuführen. Die Kinder wiederum sind – explizit oder implizit – mit der Erwartungshaltung der Eltern konfrontiert. Wie beeinflusst es sie in ihren Entscheidungen, wie sie ihr Leben leben wollen? Ist ein Vermögen, zu dem sie – abgesehen davon, dass sie in dieser Familie aufgewachsen sind – nichts beigetragen haben, existenzieller Bestandteil ihres Lebens oder wollen sie damit nichts zu tun haben? In Claras Familie war es zu einem schmerzlichen Bruch gekommen. Endlich loszulassen, war in diesem Fall die Bedingung dafür, dass es dann doch so kam, wie es sich Clara und der Vater wünschten. Claras Geschichte soll sinnbildlich dafür stehen, dass Konsens nicht immer das oberste Gebot eines Nachfolgeprozesses sein muss. Den eigenen, auch einen vom Unternehmen abgewandten Weg zu gehen, mochte in Claras Fall der Grund dafür gewesen zu sein, das spätere Zusammenkommen erst zu ermöglichen. Dieser Entwicklungspfad ist nicht untypisch für Unternehmerfamilien. Doch abgesehen von dem Familienunternehmen erwarten auch andere vermögensrelevante Themen die nachfolgende Generation. Sie wird sich zunehmend bewusst, dass in der Familie, in die sie hineingeboren wurden, einiges anders ist als in anderen Familien. Davon handelt Kapitel 1.

1 ETWAS IST EIN BISSCHEN ANDERS: WIE MAN VERMÖGEND AUFWÄCHST

«Die Kinder spielen
mit dem Besenstiel,
trotz der Geschenke,
die sie erhalten haben.»

Florian Wanner*, Österreich

Aufwachsen heisst lernen zu unterscheiden. Das geschieht unmittelbar, etwa wenn wir herausfinden, dass süsse Äpfel besser schmecken als saure. Was abstrakte Kategorien wie Gut und Böse voneinander unterscheidet, wird von den Eltern tradiert. Auch wenn es um Geld geht, lernen wir von unserer Familie. Beiläufig vermittelt sie uns, welche Einstellung sie und andere Menschen zu Geld haben. Wir werden ermahnt, dass Geld nicht an Bäumen wächst, wir bekommen zu hören, dass Onkel Henrik es zum Fenster hinauswirft oder dass Geld, wie schon die Römer wussten, «nicht stinkt».

Ihre Unbefangenheit lässt Kinder Fragen stellen. Warum verdient ein Pfleger weniger als eine Bankdirektorin? Ist ihre Arbeit nicht wichtiger? Diese Naivität weicht über die Zeit der Erkenntnis, dass es offensichtlich auch die Kategorien arm und reich gibt. Die Einordnung, warum das so ist, leisten ebenfalls die Eltern. Es dämmert den Kindern irgendwann, wo sie sich in diesem Spektrum befinden. In manchen Familien geht dies schneller, etwa wenn ein Kind immer wieder den Satz hört: «Das können wir uns nicht leisten.» Wenn ein Kind aber in einer Familie aufwächst, die sich viel leisten kann, erkennt es dies zunächst nur langsam, bruchstückhaft und erfasst das Ausmass dieses Reichtums oft erst im Erwachsenenalter. Über Geld wird zwar oft geredet – über Zahlen aber kaum. Diese Ungewissheit ist von den Eltern oft beabsichtigt. Sie wollen ihre Kinder schützen. In unseren Interviews schilderte die nachfolgende Generation sehr unterschiedlich, wann und wie sie realisierte, dass ihre Familie etwas anders ist.

«But still you'll never get it right»

Der 40-jährige Hector Coolidge* hatte eine schwierige Kindheit. Dabei wuchs er in einer der besten Gegenden in einer Grossstadt Grossbritanniens auf, in einem herrschaftlichen Haus, betreut von einer Nanny. Aber von seinen älteren Geschwistern wurde er drangsaliert. Er fühlte sich allein. In der Schule brauchte er deutlich länger als andere, weil er an einer Lernschwäche litt. Auch hier war er ein Aussenseiter, der von seinen Mitschülern kein Mitgefühl erwarten konnte. Aber Zeichnen konnte er gut. Wenn er sich in seine Skizzen vertiefte, die Aussenwelt ausblendete, dann fühlte er sich endlich geborgen. Dank seines Interesses an Literatur schaffte er es knapp durch die Schule.

Seine schönste Zeit war, wenn er seinen Vater auf Geschäftsreisen begleiten durfte. Dann nahm sich der Vater Zeit für Hector und erklärte ihm, was er tat und warum er was tat. Doch leider blieben diese Reisen eine Ausnahme. Die Eltern zeigten ihre Liebe zu den Kindern meist in Form von gekauften Geschenken. Wenn sich Hectors Eltern über das Schicksal anderer Familien, deren Fehler darin bestand, arm zu sein, lustig machten, verstand er das nicht. Als die Eltern eines Tages noch mehr Geld erbten, verschlimmerte sich die Situation für Hector weiter.

Er riss von zuhause aus, wollte nicht so leben, wie es andere von ihm erwarteten. Er wollte seinen eigenen Weg gehen. Mit Gelegenheitsjobs hielt er sich über Wasser. Die Eltern waren konsterniert. Hector wollte Kunst studieren, fand mit seinen schlechten Noten aber keinen Studienplatz. Einzig eine teure Privatuniversität nahm ihn auf – dank seiner zeichnerischen Begabung und des Geldes seiner Eltern, das er trotz ihres gespannten Verhältnisses annahm. Dies war ein entscheidender Moment in seinem Leben: Endlich hatte er seine Berufung gefunden, konnte sein Talent entwickeln und unter Beweis stellen. Er schloss als Klassenbester ab und legte damit den Grundstein für seinen heutigen Erfolg als Künstler und international anerkannter, erfolgreicher Unternehmer im Kreativbereich.

Was uns vorgelebt wird, können wir nicht ändern. Wir können nur versuchen, es einzuordnen. Wenn wie in Hectors Familie Vermögen im Wesentlichen die *raison d'être* ist, um sich von anderen abzugrenzen, kann die Reaktion der nächsten Generation darin bestehen, sich gegen dieses Muster aufzulehnen oder einen neuen Umgang damit zu suchen. Aus dem Standesdünkel auszubrechen sei aber nicht einfach, wie Hector einräumt. In dem Zusammenhang erwähnt er den Song «Common People» von Pulp.

> Rent a flat above a shop
> Cut your hair and get a job
> Smoke some fags and play some pool
> Pretend you never went to school
> But still you'll never get it right

Das Lied thematisiert den «Klassentourismus», die Sehnsucht der Wohlhabenden, den «einfachen Leuten» gleich zu sein, und die Unmöglichkeit dieses Unterfangens. Auch Hector denkt, dass authentische Beziehungen, also Beziehungen, die darauf basieren, wer man ist, statt darauf, was man hat, schwierig und selten seien. Schliesslich kann, wer vom Umgang mit Menschen sozial schlechter gestellten Schichten genug hat, jederzeit in seine Vermögensklasse zurückkehren.

«Das ist doch Nebensache»

In der Welt der Familie Coolidge ist das Denken in sozialen Klassen offenbar sehr ausgeprägt. In anderen Ländern sind die Unterschiede diffuser. Erkennbar sind sie dennoch, vor allem von denen, die nicht zur sozialen Oberschicht gehören. Aufschlussreich sind in dem Zusammenhang die Aussagen des 23-jährigen Schweizer Maschinenbaustudenten Tim Lauper*, der an einer renommierten Universität in Zürich studiert. Wie reagiert Tim, der selbst aus einem nicht vermögenden Elternhaus entstammt, wenn er merkt, dass er manchmal mit seinen Freunden «aus gutem Hause» finanziell nicht mithalten kann?

> Man sagt, dass Geld nicht glücklich macht. Trotzdem kostet vieles, was mich glücklich macht, Geld. Darum versuche ich, unter der Woche sparsam zu leben, damit ich am Wochenende mehr zur Verfügung habe. Viele meiner Kollegen sind reich. Das kann für mich zur Last werden, so wie letztes Neujahr, als wir zusammen verreisen wollten. Als ich die Kosten für Unterkunft, Restaurants und Partys zusammengerechnet habe, war es mir das nicht wert. Die anderen gingen selbstverständlich trotzdem.

Aus diesem Grund hat Tim zwei Freundeskreise: die einen leben wie er, die anderen profitieren von den Kreditkarten ihrer Eltern. Tim fühle sich auch mit seinen reichen Freunden gut, er sei mit ihnen aufgewachsen und habe mit ihnen viel erlebt. Er zieht sie auch auf, wenn sie mit einem teuren neuen Kleidungsstück oder Gadget prahlen. Aber auch mit diesen Freunden könne er nicht über alles sprechen, vor allem dann, wenn der Konsum eine gewisse Grenze überschritten habe. Das habe immer wieder für Distanz gesorgt. Trotzdem hält dieser Freundeskreis: Das Zusammensein sei allen wichtiger als das Geld, auch wenn vieles was glücklich macht, Geld kostet. Es wird trotz allem in echten Freundschaften zur Nebensache.

Vielleicht stimmt Hectors Theorie also doch nicht. Beziehungen über Vermögensgrenzen hinaus funktionieren, wenn alle akzeptieren, dass sich nicht jeder alles leisten kann und muss. Manchmal zu verzichten, scheint jedenfalls einer Freundschaft auf Augenhöhe zuträglicher zu sein, als sich dauernd einladen zu lassen.

Selbständigkeit erlangen

Als Jugendliche und Studentin einen grösseren finanziellen Spielraum zu geniessen ist das eine, aber selbst über ein substanzielles Vermögen zu verfügen, etwas ganz anderes. Wenn man Reichtum nicht mehr nur ahnt, sondern direkt davon profitieren kann, verschwindet die Ungewissheit plötzlich. Das kann ein Schock sein. Fremdbestimmt ist die nächste Generation aber auch hier, und gelingt es den Eltern nicht loszulassen, wird es für die nachfolgende Generation schwierig, aus dem Abhängigkeitsverhältnis auszubrechen.

Der 55-jährige Alex Beck* stammt aus einer dynastischen Familie mit klingendem Namen. Die Kinder dieser Familie wurden schon immer sehr grosszügig unterstützt. Eines Tages teilten Alex und seine Partnerin ihren erwachsenen Kindern, die zwischen 20 und 30 Jahre alt sind, mit, dass diese einen Teil des Vermögens erhalten würden. Fortan müssten sie es verwalten und ihren Lebensunterhalt aus dessen Erträgen und ihrer Arbeit selbst bestreiten. Die Kinder waren verunsichert. Sie befürchteten, ihr sorgloses Leben sei nun zu Ende. Dabei lag Alex und seiner Frau nur daran, sie in eine wirkliche Selbständigkeit zu entlassen. Dank der Auszahlung nicht mehr am Tropf der Familie zu hängen, sollte die Kinder ermutigen, ihren eigenen Weg zu gehen – etwas, das Alex selbst nicht gelungen war:

Ich war ein Kind, das in und von Konventionen lebte. Das wurde mir von meinen Eltern vorgelebt. Ich machte, was man von mir verlangte. Eine Art, wie ich meine Kinder von diesen Konventionen befreien kann, ist, ihnen Geld anzuvertrauen und sie zu ermuntern, ihren eigenen Weg zu gehen.

Verantwortung für ein Vermögen zu übernehmen ist nicht einfach (mehr dazu im Kapitel 8). Aber es fördert offensichtlich die Unabhängigkeit vom Elternhaus. Nun ist es aber alles andere als selbstverständlich, so früh wie die Beck'schen Kinder die Gestaltungsfreiheit über einen beträchtlichen Vermögensteil Verfügungsgewalt zu haben. Andere Vermögende wurden zwar in eine reiche Familie geboren, müssen aber lange warten, davon profitieren zu können.

Die 35-jährige Claire Manor* erzählt, dass ihre Eltern von den sehr vermögenden Grosseltern bis heute überhaupt nichts erhalten hätten. Darum sei sie gemeinsam mit ihrem Bruder in einer bescheidenen Mietwohnung in der Schweiz aufgewachsen. Für Konsumausgaben hätten ihre Eltern wenig Verständnis gezeigt, ausser es sei um Musik oder Sport gegangen. An ihre Erlaubnis sei immer die Bedingung geknüpft gewesen, dass die Geschwister auch übten und trainierten. So meint Claire: «Tennis fand ich eigentlich blöd, spielte aber weiter, weil mir die Ausrüstung bezahlt wurde.» Sich Dinge erarbeiten zu müssen, hat sie sehr geprägt. Claire verfolgt mit grossem Engagement ihre Karriere. Sie hat sich an dem Unternehmen, in dem sie heute arbeitet, beteiligt.

Ihre vermögenden Grosseltern laden die ganze Familie einmal pro Jahr zu einem gemeinsamen Abendessen in ein exklusives Restaurant ein. Man kleide sich elegant und benehme sich «comme il faut». Claire verabscheut dieses «Schaulaufen», wie sie es nennt. Es habe nichts mit ihrem Leben zu tun. Über ihr Vermögen schwiegen sich die Grosseltern aus und es komme ihnen auch nie in den Sinn, etwas davon vor ihrem Tod abzugeben. Zwar verstehe sie die Grosseltern in gewisser Weise, denn diese seien in einfachen Verhältnissen aufgewachsen, hätten früh geheiratet und ihr ganzes Leben ohne fremde Hilfe am Auf- und Ausbau ihres Unternehmens gearbeitet. Spannungen innerhalb der Familie trügen dazu bei, dass Geld ein Tabuthema sei. Claire bedauert zwar, dass diesem wichtigen Thema aus dem Weg gegangen werde, doch macht es für sie keinen Unterschied. Sie steht finanziell auf eigenen Beinen und nicht in Wartestellung.

«Betongold»

Ob im Herrschaftshaus wie Hector oder in der Mietwohnung wie Claire: Wie man aufwächst, vermittelt sehr direkt, was angemessen, üblich und richtig ist. Der Mensch gewöhnt sich an jeden Umstand. Die Studentin Emily Conrad*, 25 Jahre alt, sagt, so wie viele andere, mit denen wir gesprochen haben, sie sei «ganz normal» aufgewachsen. «Aber was ist schon normal?», stellt sie ihre Aussage gleich selbst in Frage. Lange Zeit sei ihr nicht aufgefallen, dass ihre Wohnsituation – sie lebt an der teuren Zürcher «Goldküste» – durchaus ein Privileg sei. «Das erste Mal habe ich das erst realisiert, als Freunde zu mir nach Hause kamen und sagten: ‹Wow, du lebst ja in einem Riesenhaus!›» Dieser Vorzug sei ihr eher unangenehm gewesen als dass sie sich darauf etwas eingebildet habe. Ihr sei auch bewusst gewesen, dass die Menschen, die dort wohnten, von vielen mit «Bonzen» gleichgesetzt würden.

In gewisser Weise signalisiert die Wohngegend, wer und was man ist. Das Prestige einer teuren Lage ist anziehend. Die Vorzeichen sind umgekehrt, wenn man in einem der «schlechtesten», sprich ärmsten Viertel der Stadt lebt. Auch diese Personen werden in einen Topf geworfen. Es ist menschlich, dass man vermeiden will, wegen der Wohnadresse stigmatisiert zu werden. So hält man sich mit Details zurück. Emily sagt: «Ich habe den Leuten nie auf die Nase gebunden, wo und wie ich wohne».

Gemeinsame Erlebnisse

Irgendwann sind Kinder alt genug, um die Hotelklassifikation nach Sternen zu verstehen. Emily erzählt, es sei ihr vor allem in den Ferien bewusst geworden, dass ihre Familie über mehr Spielraum verfüge als andere. Sie reisten viel und weit und in ausgesuchte Hotels. Dasselbe haben viele der von uns Interviewten erzählt. Das Schaffen von gemeinsamen Erlebnissen besitzt offensichtlich einen hohen Stellenwert. Ob es eine abenteuerliche Reise ist, Spitzengastronomie oder ein grosszügiges Hotel am Canale Grande: Für neue Erfahrungen im Kreis der

Familie viel Geld auszugeben, ist die Norm und wird viel positiver gedeutet, als teure Konsumgüter zu kaufen oder zu verschenken. Der Rechtfertigungsdruck ist auch kleiner. Im Urlaub muss man sich nicht vor Freunden und Bekannten erklären, warum man sich dieses Hotel oder jenes Restaurant leisten kann.

Der 33-jährige Daniel Thormann*, Start-up Unternehmer bringt es auf den Punkt: «Beim Thema Ferien macht sich bei uns das Vermögen am meisten bemerkbar.» Auch ihm sind Ferien wichtig. Die Afrikasafari schätzte er sehr, er empfand sie als Privileg. Materieller Konsum hingegen bedeute ihm nichts. Das Kapital der Familie sei an das Unternehmen gebunden, Erträge würden unternehmerisch reinvestiert.

> Ich habe nie viel Geld von meinen Eltern erhalten, dafür die Sicherheit, auf sie zugehen zu können, wenn ich etwas brauche. Das war mir viel wert, ich wollte es aber auch nicht ausnutzen. Was diese Sicherheit bedeutet, wurde mir erst während des Studiums bewusst. Ich konnte ein Darlehen beziehen, um einen Master of Business Administration zu machen. Meine Eltern lebten mir und meiner Schwester einen schonenden Umgang mit Geld vor. Ein Taxi zu nehmen, kommt für mich nicht in Frage und ich koche lieber daheim, als für Pasta in einem Restaurant zu bezahlen.

Obwohl die Safari für die Familie auch finanzielle Mittel bindet, steht sie für Daniel weit über dem Luxusgüterkonsum oder der Konvenienz, sich einfach ins nächstbeste Restaurant zu setzen, weil man es sich ja leisten kann – obwohl man sich zuhause noch Essensreste vom gestrigen Abendessen aufwärmen kann. Solch eine Haltung ergibt für Daniel, gleich, ob man arm oder reich sei, keinen Sinn.

Den Umgang mit Geld übernehmen oder neu lernen?

Wie schön wäre es, sich all das kaufen zu können, was man will, ohne auf Preisschilder achten zu müssen! Die Realität sieht anders aus: Viele unserer Gesprächspartner erhielten in jungen Jahren monatlich einen begrenzten Betrag, mit dem sie haushalten mussten. Das lehrte sie zu budgetieren. Abwägen zu müssen, ob es diesen Monat für eine neue Hose oder eine neue Jacke reicht, ist durchaus eine Lebensschule, denn wer sich früh daran gewöhnt, alles zu bekommen, wird bald von üppigen Vermögenserträgen abhängig.

Dimitri Jost*, 25 Jahre alt, wurde früh bewusst, wie unterschiedlich seine geschiedenen Eltern lebten. Er wuchs mit seiner Schwester bei der Mutter auf, die mit begrenzten Mitteln in einem Haus wohnte, das ihr bei der Trennung zugesprochen worden war. Der Vater hingegen pflegte einen luxuriösen Lebensstil und genoss diesen auch. Zuerst war Dimitri, wie er sagt, davon beeindruckt, etwa wenn er mit seinem Vater die Ferien in den besten Hotels verbrachte. Auch teure Wünsche zum Geburtstag und zu Weihnachten wurden ihm vom Vater erfüllt. Dimitris Mutter kam – mit finanzieller Unterstützung ihres Exmannes – für das Alltägliche auf. Diese unterschiedlichen Lebensweisen waren für Dimitri eine Herausforderung. Mit der Zeit, so Dimitri, habe er aber immer seltener nach teuren neuen Dingen gefragt. Die Erwartung der Gesellschaft, was man alles haben muss, ignoriere er zunehmend. Individualität sei ihm wichtiger geworden. Geld, das nicht ihm gehöre, solle in seinem Leben keine grosse Rolle mehr spielen. Allerdings gönnte er sich dank der finanziellen Unterstützung des Vaters ein halbes Jahr Auszeit von seinem Studium.

Auch die Eltern der 27-jährigen Schweizerin Valentina Pauli* trennten sich früh. Das grosszügige Haus in bester Lage verkauften sie. Die Eltern einigten sich einvernehmlich. Sie erklärten Valentina und ihren Geschwistern die Gründe für die Trennung. Das Haus habe einen grossen emotionalen Wert für die Familie gehabt, sagt Valentina. Der Grossvater, ein erfolgreicher Unternehmer, hatte seinen Kindern bei der Familiengründung Wohneigentum ermöglicht. Der Verkauf habe zwar geschmerzt, aber auch ein neues, individuelles Leben beider Elternteile gestattet. Valentina sagt, ihre Eltern bräuchten nicht viel Geld zum Leben. Sie habe diese Haltung übernommen. Gleichzeitig sei es aber auch schön, nicht überlegen zu müssen, ob man sich schöne Dinge leisten könne.

Als Jugendliche spielte Valentina gern Handball. Ihr Bruder frönte hingegen einem sehr teuren Hobby, für das der Grossvater aufkam. Das kümmerte sie nicht, bis sie etwa zwanzig Jahre alt war und von ihrem Freund auf diese Ungleichbehandlung angesprochen wurde. Also machte sie sie zuerst beim Vater und dann beim Grossvater zum

Thema. Es ergab sich, wie Valentina sagt, ein gutes, offenes Gespräch. Als Ausgleich wurde ihr ein Auslandsaufenthalt in Kombination mit einer Sprachschule finanziert. Das dritte Geschwister wurde auf eine andere Weise kompensiert. Seither erhalten die Geschwister einheitliche Beträge vom Grossvater. Auf die Frage, wie sie eines Tages mit ihren Kindern einen ähnlichen Sachverhalt lösen würde, sagt sie:

> Ich würde es nicht anders machen. Als Kind hat mich Geld nicht interessiert. Hätte ich bereits früh einen grossen Betrag als Ausgleich erhalten, wäre ich nur unnötig mit dem Thema konfrontiert worden. Stattdessen hatte ich eine unbeschwerte Jugend. Zu kurz gekommen bin ich ja nicht.

Sie wiederholt damit eine Ansicht, die wir schon im ersten Buch «Von Geld und Werten» beschrieben haben. «Wahrer Luxus ist, sich Dinge leisten zu können, aber nicht leisten zu müssen.» Valentinas Grossvater hat aus seiner privilegierten Situation heraus einen bewussten Umgang mit Geld entwickelt, der mit Ästhetik, Stil und Entspanntheit verbunden ist: Er kauft gern auf dem idyllischen Markt am Bürkliplatz Lebensmittel und Blumen ein, leistet sich qualitativ gute Kleidung statt teure Marken, wohnt in einer reizenden Gegend, reist mit dem Zug statt mit einem grossen Auto und gibt sein Vermögen ohne steueroptimierte Konstrukte an die nächste Generation weiter. Diesen bewussten Umgang mit Geld inspiriert Valentina. Sie weiss auch, dass es ihrem Grossvater wichtig ist, das familiäre Vermögen über möglichst viele Generationen zu erhalten. Dazu braucht es die Sorgfalt der Nachkommen. Die finanzielle Sicherheit habe ihr den Entscheid erleichtert, bei der Wahl ihrer Fachrichtung im Medizinstudium ihrem Interesse zu folgen – und nicht der Frage, welche Spezialisierung am besten bezahlt wird.

Bescheidenheit ist vom Umfeld abhängig

Der Vater von Florian Wanner*, 34 Jahre alt, lebte für die Firma. Sie war ihm wichtiger als die Familie, sagt Florian. Das Elternhaus der österreichischen Unternehmerfamilie stand direkt neben dem Betrieb. Das Umfeld war und ist immer noch bodenständig. Als Kinder seien sie immer kurz gehalten worden, erinnert sich Florian. Im Café, nach dem Schwimmkurs, hatten sie sich zwischen Kakao oder Kuchen zu entscheiden. Beides zusammen sei zu teuer. Sich etwas zu leisten sei immer etwas Aussergewöhnliches, sagten die Eltern. Als Kind habe sich Florian darüber geärgert, doch heute finde er das richtig. Seinen Erfolg messe Florian nicht mit Geld, sondern daran, ob er seine Ziele erreiche und es seinen Angestellten gut gehe. Mittlerweile ist er ebenfalls Unternehmer und führt zusammen mit seinen Geschwistern die Firma seines Vaters. Ihr Vater habe sie gelehrt, dass anzupacken wichtiger sei, als ein schönes Sakko zu tragen. Florian nimmt seine Kinder im Vorschulalter schon mit in die Firma, «damit sie sehen, dass man etwas machen muss fürs Geld». Er und seine Geschwister verdienten sich als Jugendliche in den Sommerferien ihr Taschengeld damit, im Betrieb auszuhelfen.

Manchmal hätte er sich gewünscht, in einer «normalen Familie» aufzuwachsen. Sein Vater sei andauernd auf Geschäftsreise gewesen. Sogar in den Familienferien habe er sich Geschäftsunterlagen zufaxen lassen. Trotzdem teilt Florian dessen Faszination fürs Unternehmertum, und zwar vor allem für die Arbeit an sich, nicht für die Stellung als Eigentümer. Wenn jemand fragt, was er beruflich mache, antworte er, dass er in der Produktion arbeite. Ein Sportkamerad habe erst nach fast einem Jahrzehnt herausgefunden, dass Florian zu der regional bekannten Unternehmerfamilie gehöre.

Exkurs: Platzmangel

Bernd, der Grossvater mütterlicherseits des 42-jährigen Jasper Cordes*, wurde zu Beginn des 20. Jahrhunderts in Deutschland geboren. Wie Generationen vor ihm wurde er Bauer. Bernd überlebte den Zweiten Weltkrieg. Im Umfeld seiner fast vollständig zerstörten Heimatstadt begann der industrielle Aufschwung und gleichzeitig der Niedergang der Agrarwirtschaft. Bernd suchte ein neues Auskommen und begann, Häuser zu bauen, zuerst auf eigenem Grund und später auf zugekauften Territorien. Durch das stetige Wachstum der Stadt verbesserte sich über die Jahre auch die Lage der Liegenschaften. Mit Engagement und Geschick errichtete Bernd über Jahrzehnte ein gut laufendes Immobilienunternehmen. Aus Altersgründen übergab er die Leitung an Jaspers Onkel Bastian. Dieser hatte von seinem Vater den Unternehmergeist und Geschäftssinn geerbt und entwickelte weiter, was sein Vater begonnen hatte. Der wirtschaftliche Aufschwung begünstigte das Immobiliengeschäft, die Erfolgsgeschichte der Familie Cordes setzte sich fort. Bastian investierte sein eigenes Vermögen in das Unternehmen und verdreifachte die Grösse der Firma. Als es für Bastian darum ging, seine eigene Nachfolge in die Wege zu leiten, war eine familieninterne Lösung für ihn nur logisch. Aufgrund seiner Ausbildung und seines Interesses fiel die Wahl unter den zehn Angehörigen der dritten Generation auf Jasper. Er soll das Familienvermögen zum Vorteil der dritten Generation weiterführen.

Jasper sagt, dass in der Familie wenig über Geld gesprochen worden sei. Das entspricht der Zurückhaltung in solchen Dingen, die in Deutschland üblich ist. Am Lebensstil der Familie konnten Aussenstehende den Reichtum nie ablesen. Nur das Ferienhaus liegt an einem Ort, der mittlerweile mit Wohlstand assoziiert wird. So vermeidet die Familie also, den Ort zu nennen, und spricht verallgemeinernd von der Region. Jasper findet dieses Versteckspiel merkwürdig. «Man muss sich für Vermögen doch nicht schämen, auch wenn wir zur Bescheidenheit erzogen wurden», findet er.

Heute lebt Jasper mit seiner Frau und seinen Kindern in einer Vierzimmerwohnung in der Schweiz. Anders als seine Verwandten aus der gleichen Generation hat er sich noch kein Haus gebaut, auch wenn Jaspers Familie ein bisschen mehr Platz bräuchte. Sich in seiner Stadt ein Haus zu kaufen, komme aufgrund der Preise einem Coming-out als Vermögender gleich. Jasper möchte nicht in die Schublade gesteckt werden, ein Erbe zu sein, dem alles in den Schoss falle und der sich nicht anstrengen müsse. Das Privileg, vermögend zu sein, könne Freundschaften negativ beeinflussen. Das möchte Jasper vermeiden – Platzmangel hin oder her.

Die geschilderten Beispiele zeigen, wie unterschiedlich es sich anfühlen kann, in einer gut situierten Familie aufzuwachsen. Wer ohne Vermögen lebt, dem setzt das Budget Grenzen. Mit Vermögen sind es die Erziehung und die Vernunft, die einordnen und Grenzen setzen, was man sich leisten will. In unseren Gesprächen wurde greifbar, dass einer neuen Generation das Erleben wichtiger zu sein scheint als das Haben. Das liegt wohl auch daran, dass es den meisten an nichts mangelt. Dies gilt ebenso für viele Menschen mit geringerem Vermögen. Gerade beim Konsum scheint es eine Rolle zu spielen, welches Statement man damit nach aussen sendet und ob man das will. Was das konkret bedeutet, davon handelt das nächste Kapitel.

2 NUR NICHT AUFFALLEN: WARUM MANCHE FAMILIEN AUF DISKRETION SETZEN UND ANDERE SICH MIT LUXUSGÜTERN VON DER MASSE ABHEBEN WOLLEN

«Statussymbole sind mir fremd. Ich bin ohnehin privilegiert.»

Judith Locke*

Eine junge Dame betritt eine der Luxusboutiquen in der Bahnhofstrasse in Zürich. Sie wendet sich an eine der Verkäuferinnen und sagt, eine Freundin sei ein grosser Fan der Marke. Sie wolle dieser Freundin zum Geburtstag eine Freude bereiten: Ob sie nicht vielleicht eine Papiertüte mit dem Logo der Firma haben könne? Die Verkäuferin antwortet, das Verpackungsmaterial sei nur für Kunden, die sich hier tatsächlich etwas leisten könnten. Nach einigem Hin und Her bricht die junge Dame in Tränen aus und verlässt die Boutique – ohne Papiertüte.

In demselben Geschäft kauft später eine Familie aus dem Ausland ein. Der Vater, die Mutter und die beiden Töchter nehmen Sachen aus den Regalen, ohne auf die Preisschilder zu achten. Nach einer Weile begleichen sie, ohne mit der Wimper zu zucken, die Rechnung von mehreren hunderttausend Franken. Mehr noch: Sie wollen nicht mit den vielen Einkaufstüten auf der Strasse gesehen werden und sagen darum der Verkäuferin, sie solle doch ein Taxi bestellen, um die Einkäufe ins nahegelegene Hotel zu liefern.

Ein falsches Bild von Reichtum

Reichtum wird vielfach oft mit übersteigertem Konsum gleichgesetzt. Soziale Netzwerke, die von Bildern leben, tragen dazu bei, ein bestimmtes Bild vom «guten Leben» in den Köpfen der Menschen zu verfestigen; ein Bild, das zwangsläufig materiell geprägt ist: Einkaufstaschen und Luxusartikel lassen sich mit der Kamera einfangen, finanzielle Unabhängigkeit hingegen nicht.

Vermögen und Luxus werden demzufolge oft gleichgesetzt. Dabei sieht die Realität anders aus. Den meisten Personen, mit denen wir uns unterhalten haben, sieht man ihren Reichtum nicht an – und wenn, dann muss man schon sehr genau hinschauen. Die Erklärung für dieses Verhalten ist vielschichtig.

Bescheidenheit ist eine Wertvorstellung, von der viele Interviewte sprachen. Sie wird offenbar aktiv vor- und nachgelebt. Aber was bezweckt sie, und warum ist sie so verbreitet? Ein Argument ist so offensichtlich, dass es Eingang in den Volksmund gefunden hat: «Von den Reichen lernt man sparen.» Unternehmerisch denkende Menschen werden Investitionen in die Zukunft, etwa Bildungsausgaben und wertvermehrende Investitionen jeglicher Art gegenüber Konsumausgaben priorisieren. Die kalkulatorische Sichtweise, «acting broke to stay rich», sich arm zu geben, um reich zu bleiben, ist ein verbreiteter Ansatz zur Sicherung des Vermögens. Manchen Vermögenden bedeuten schlicht materielle Dinge nichts, und ihr Lebensstil entspricht dem Mittelstand. Sie sind sehr erpicht darauf, ihre Kinder in einer «normalen» Umgebung aufwachsen zu lassen, damit sie sich nicht an Luxus gewöhnen, denn dieser kann ein Vermögen durchaus bedrohen.

Dazu kommt, dass Reichtum, der Bestand hat, meist in langfristigen Anlagen oder Unternehmenswerten gebunden ist und somit gar nicht mit vollen Händen ausgegeben werden kann. Illustriert wird diese Einstellung durch den 22-jährigen Studenten Georg Berger*, dessen verstorbener Vater ihm ein grosses Geschäfts- und Privatvermögen hinterlassen hat. Er sagt von sich, dass sich sein Lebensstil im Vergleich zu anderen Studenten nur wenig verändert habe. Ebenso wie sein Vater, der im Umgang mit Geld pragmatisch gewesen sei, taste auch Georg das Vermögen nicht an. Das Auto des Vaters, ein in die Jahre gekommener Audi, fährt er nur, wenn er es braucht und weil «es keines ist, nach dem man sich umdreht».

Soziale Realitäten prägen

Dennoch stellt sich für eine neue Generation, die finanzielle Unterstützung geniesst oder ein hohes Einkommen hat, bewusst oder unbewusst mit jedem Kaufentscheid die Frage, inwiefern sie ihren Reichtum zur Schau stellen darf und will. Sind die verfügbaren flüssigen Mittel abundant, werden Preisschilder irrelevant – nicht aber die Frage, was ein «gesunder» Umgang mit Geld ist. Der soziale Druck spielt dabei eine wesentliche Rolle.

Der Künstler Hector, dem wir schon in Kapitel 1 begegnet sind, schildert, dass seine Eltern auf Menschen herabschauten, die weniger besässen. Wie sich die Leute anzogen, wo und wie sie lebten, welches Auto sie fuhren, wo sie ihre Ferien verbrachten und welche Restaurants sie besuchten – all dies waren Anhaltspunkte dafür, auf welcher Vermögensstufe sie sich einreihten. Warum seine Eltern so viel Wert auf die äussere Erkennbarkeit ihres Wohlstandes legten, weiss Hector nicht zu sagen.

Die Sozialwissenschaften liefern Antworten. Der niederländische Sozialpsychologe Geert Hofstede hat den Begriff der «Machtdistanz» als eine von sechs Kulturdimensionen geprägt. Diese beschreibt, wie stark eine unterschiedliche Machtverteilung von den Mitgliedern einer Gesellschaft akzeptiert werde. In Ländern mit einem tiefen Machtdistanzindex sei der Glaube an die Gleichheit aller Menschen stark ausgeprägt. Staaten des Nahen Ostens und südamerikanische Länder beispielsweise besitzen einen hohen Machtdistanzwert, mit anderen Worten wird Ungleichheit schicksalhaft akzeptiert. In nordeuropäischen Ländern ist der Index tief.

Dieses Modell kann auch erklären, warum Individuen mit einer hohen Machtdistanzakzeptanz Luxusgüter mit hoher Symbolkraft (also zum Beispiel teure Kleider mit deutlich sichtbaren Labels) bevorzugen. Das Zurschaustellen des eigenen Reichtums durch Luxus ist eine Bekräftigung der Aussage: «Wir sind anders als ihr.» Diese Distanz kann man schaffen oder vermeiden wollen. Ein Unternehmer schilderte uns, dass er sich jeden Luxus verbiete, weil er mit den Angestellten seines Industriebetriebes «auf Augenhöhe» sprechen wolle. Eine bewusst gering gehaltene Machtdistanz steht so im Dienst des Arbeitsklimas.

Luxus vermittelt aber auch Zugehörigkeit zu «seinesgleichen». Hector erzählt, dass er miterlebt habe, wie sich in seinem Umfeld schon früh ein Geschmack für ostentativen Konsum entwickelt habe. Dank grosszügiger Apanagen hatte man auch die Mittel dazu: «Ein Bekannter in seinen frühen Zwanzigern fuhr ein dickes Auto, hörte Gangsta-Rap und trank Premiumwodka in exklusiven Nachtclubs. Ich fand das nur peinlich und war davon angewidert», sagt er.

Einem Bild entsprechen wollen

Das vorgenannte Beispiel klingt nach klischeehaftem Verhalten. Es ist aber auch einfacher, einem in Werbung, Film und Musik vorgezeichneten Bild zu entsprechen, das «Richtige», sprich allgemein Akzeptierte zu konsumieren, als Zeit und Energie darauf zu verwenden, eine eigene

Identität zu entwickeln. «Die meisten Leute verbringen ihr Leben damit, einem Stereotyp zu entsprechen. Ihren eigenen Weg zu finden, ist ihnen zu anstrengend», folgert Hector.

Konsumverhalten ist aber noch von mehr geprägt als dem Bedürfnis dazuzugehören, beispielsweise von der politischen Einstellung. Vermögende Konservative, auf Statuserhalt bedachte Menschen bevorzugen Luxusgüter, um sich abzugrenzen, und auch, um die soziale Hierarchie zu legitimieren[1]. Progressive eingestellte Menschen favorisieren nichthierarchischen, kreativen und nichtluxuriösen Konsum.

Manche Luxusartikel sind für immer mehr Menschen zugänglicher geworden. Das hat das Streben nach Abgrenzung erhöht, beispielsweise indem man die saisonal erhältlichen, teureren Luxusprodukte gegenüber den Klassikern der Kollektion bevorzugt. Oder man signalisiert Status durch den Besitz eines plakativen Massenprodukts anstelle eines weitläufig anerkannten Statussymbols, wie der «Jungunternehmer», der eine farbigen Plastikuhr statt einer Rolex trägt.

Hart verdientes Geld ist einfacher auszugeben

Wer sein Vermögen selbst geschaffen hat, kann damit eher entspannt umgehen. «Damit geht ein enormes Selbstwertgefühl einher, das im Leben derjenigen, die nur erben, immer fehlen wird»[2], schreibt Jessie O'Neill in seinem Buch «The Golden Ghetto». Menschen mit selbst erarbeitetem Reichtum zweifeln nicht, ob sie dieses Privileg verdient haben. Sie glauben, es zeigen, ausgeben, sparen oder es verprassen zu dürfen. O'Neill ist der Meinung: «Für nachfolgende Generation ist es eher eine Last, die pflichtbewusst getragen werden muss, als eine Quelle der Freude und des Vergnügens».

Luxusgüter kosten nicht nur viel Geld, sondern haben auch einen hohen intrapsychischen Preis, sie verursachen also Stress. Luxuskonsum kann dazu führen, dass man sich unsicher, eigensüchtig, unauthentisch fühlt, wenn man ihn als ein unverdientes Privileg ansieht. Wer Luxuskleidung trägt, wird von anderen offenbar als weniger herz-

1 Diese und folgende Erkenntnisse sind in «The Psychology of Luxury Consumption» (David Dubois, SungJin Jung und Nailya Ordabayeva) zusammengefasst.

2 Übersetzung der Autoren.

lich, als verschwenderisch, materialistisch oder gar amoralisch angesehen. Die Frage, die sich für Vermögende stellt, ist also nicht, ob sie sich etwas leisten können, sondern ob sie es sich leisten dürfen.

Wir sind bereits dem Jungunternehmer Daniel begegnet, dessen Eltern ihm einen «schonenden» Umgang mit Geld vorgelebt haben und der lieber zuhause kocht, als ins Restaurant zu gehen. Er investiert, wie es Familientradition ist, Geld lieber in Wachstum oder Bildung, als es auszugeben. Bei seinem Master of Business Administration sei er aber mit Studierenden in Kontakt gekommen, für die es normal gewesen sei, mit dem Privatjet zu reisen. Diese hätten auch entsprechend opulent gefeiert. Solche Gelegenheiten habe Daniel dann einfach ausgelassen.

Nicht mitmachen, wenn man nicht will, ist einfacher gesagt als getan. Eine Theorie[3] besagt, dass sozial isolierte Personen zu Luxuskonsum tendierten, um von anderen Luxuskonsumenten erkannt und akzeptiert zu werden und um damit die gefühlte Hilflosigkeit zu kompensieren. Sich einer Gruppe zugehörig fühlen zu wollen, ist zutiefst menschlich. So wird der Kaufentscheid auch, und das ist wertfrei gemeint, zu einer Frage, welche Freunde man haben möchte. Problematisch wird es, wenn man in einer zu hohen Liga mithalten will und beispielsweise der «blosse Millionär» das Konsumverhalten des Milliardärs zu imitieren versucht. Das gilt ebenso für Freunde aus einfacheren Verhältnissen und ihre Fähigkeit, bei bestimmten Konsummustern, zum Beispiel bei einem gemeinsamen Fest oder in den Ferien, mitzuhalten.

Den Grund dafür, dass viele unserer Gesprächspartner gemessen an ihrem Vermögen eher wenig konsumieren, lässt sich auch aus der im christlichen Abendland verbreiteten protestantischen Arbeitsethik, die Konsumverzicht fordert, erklären. Vielleicht schielt der eine oder andere Vertreter der nächsten Generation mit einem gewissen Neid auf andere Kulturen, in denen Calvin und Zwingli weniger Einfluss hatten?

In einem privilegierten Umfeld seinen eigenen Weg zu finden, scheint somit für die nächste Generation eine der grössten Herausforderungen zu sein. Liess sich die ältere Generation noch stark von der Aussage «Zukunft braucht Herkunft» leiten, geht es vielen Jüngeren

---

3 In: «The Psychology of Luxury Consumption».

eher darum, was sie, angesichts von grundlegend verschiedenen gesellschaftlichen Herausforderungen, von ihren Eltern übernehmen wollen. Auf diese Thematik wollen wir im nächsten Kapitel eingehen.

3 «DANKE, ABER NEIN DANKE»: WAS MAN VON ELTERN ÜBERNEHMEN MÖCHTE UND WAS NICHT; UND WIE ES DIE NACHFOLGENDE GENERATION MIT DER ERBSCHAFTSSTEUER HÄLT

«Manche Eltern versuchen durch ihre Kinder ihr Unvermögen zu kompensieren: Das Kind muss besser sein, mehr leisten, mehr wollen.»

Simon M. Ingold, in: NZZ vom 1. April 2022, S. 31

In seinem Artikel «Freiheit von den Eltern», veröffentlicht in der «Neuen Zürcher Zeitung» vom 1. April 2022, kommt der Ökonom Simon M. Ingold zu folgendem Schluss:

> Egal, ob es um Zuneigung, Aufmerksamkeit, Respekt oder Geld geht – die gegenseitige Abhängigkeit zwischen Kindern und Eltern schafft ein Konfliktpotential, dem mit rationalen Mitteln nicht beizukommen ist. Auf der Strecke bleibt dabei oft die individuelle Souveränität der Kinder. Sie pulverisiert sich im emotionalen Chaos von Pflichtbewusstsein, Selbstverwirklichungsphantasien und dem Wunsch nach Bestätigung.

Er zitiert unter anderem den französischen Moralisten Joseph Joubert: «Kinder brauchen Vorbilder, keine Kritiker». Das nachfolgende Kapitel widmet sich in diesem Sinne der Selbstentfaltung. Wie gelingt es der nächsten Generation, ihren eigenen Weg zu gehen?

Der Lohn der Arbeit

In «Von Geld und Werten» schildert einer der Autoren, wie er sich als 13-Jähriger in den Sommerferien sein erstes Geld verdiente, um sich einen heiss ersehnten Skianzug zu kaufen – eine Nummer zu gross, damit er hineinwachsen und ihn möglichst lange anziehen konnte. Er trug die Ausrüstung, bis sie sich fast in ihre Einzelteile auflöste. Noch heute weiss er, wie sie ausgesehen hat. Eigenes Geld zu verdienen, um sich einen Traum zu verwirklichen, erscheint ihm rückblickend als ein erster Akt der Selbstermächtigung, der einen grossen Einfluss auf die eigene Entwicklung hat. Sein hart erarbeitetes Geld gab er, anders als das, was ihm ohne Effort geschenkt wurde, mit mehr Umsicht aus.

Wird ein Erbe angetreten, kann dies den Stellenwert des eigenen Jobs und dessen Entlöhnung relativieren und das eigene Selbstverständnis herausfordern. Je grösser der Vermögensertrag im Vergleich zu einem marktüblichen Salär ist, desto brennender wird die Frage: Lohnt es sich noch zu arbeiten? Eine Erbin schildert, wie viele ihr persönlich bekannte Erbinnen als Erstes ihren Job kündigten, als sie in den Besitz ihres Vermögens kamen. Wozu 2000 Stunden im Jahr arbeiten, wenn der Lohn im Vergleich zu den Zinsen und Dividenden des Vermögens keinen Unterschied mehr macht?

Freiräume nutzen

Eine mögliche Antwort dazu hat Judith Locke*. Sie ist knapp vierzig Jahre alt, im Raum Basel aufgewachsen und dort weiterhin verankert. Ihr Grossvater hatte durch eine beeindruckende Karriere bei einem multinationalen Unternehmen den Grundstein für das Familienvermögen gelegt.

Ihre Mutter sorgte sich darüber, ob die Erbschaft die Identität ihrer Tochter negativ beeinflussen werde. Diese Sorge war aber offensichtlich unbegründet. Judith wuchs zwar in einem vermögenden, aber auch politisch links und protestantisch geprägten Elternhaus auf. Sie lernte, zwischen sinnvollem und sinnentleertem Geldausgeben zu unterscheiden. Ihre Mutter überantwortete ihr schon in jungen Jahren Geld, etwa um eine Studienrichtung zu wählen, die ihr am meisten zusagte, ohne sich Gedanken machen zu müssen, welchen finanziellen Spielraum das Studium ihr später ermöglichen würde.

Ist des Erbes grösstes Privileg, dass es Freiraum verschafft? Sich dem widmen zu können, was man für wichtig hält, ohne dass der finanzielle Ertrag eine Rolle spielt, ist ein grosses Geschenk. Vielfach profitieren davon nicht nur die Empfänger, sondern auch die Gesellschaft. Wie in Kapitel 1 beschrieben, wählte Valentina eine medizinische Spezialisierung, die sie interessierte, und nicht die mit dem höchsten Verdienst. Demgegenüber fragt sich Dimitri, ab wann die Dekadenz der «Jeunesse dorée» beginne und wie sie dazu führe, nicht mehr man selbst zu sein. Je länger er sich mit seiner privilegierten Situation befasst, desto klarer wird ihm, dass die Finanzen seiner Familie keinen grossen Einfluss mehr auf sein Leben haben sollen. Florian und seine Brüder folgten ihrem Vater in der Firma und setzen nunmehr alles daran, dass das Unternehmen weiter prosperiert und an die nächsten umsichtigen Eigentümer übergeben werden kann. Im Gegensatz zu ihrem Vater, für den die Firma der wichtigste Lebensinhalt war, ist sie für die Nachkommen ein Lebensabschnitt, was nicht heisst, dass sie sich weniger dafür engagieren, oder um es in den Worten Florians zu sagen: «Ich packe am liebsten selbst mit an. Das hat uns der Vater gelernt, immer an der Front zu sein.»

Das Leben bietet für die nächste Generation viele Lebensinhalte, als bis zum letzten Atemzug Unternehmer zu sein, und das Wohnhaus braucht auch nicht direkt neben der Fabrik zu stehen. In der Lebensmitte einmal etwas anderes zu machen, das klingt für Florian verlockend. «Wir werden im Alter zwischen 50 und 55 aus der Firma ausscheiden. Den Vertrag dazu setzen wir bereits jetzt auf und es wird keine Ausrede geben. Ich freue mich darauf, nicht mehr Hamster im Hamsterrad zu sein.» Trotzdem ist es für ihn und seine Brüder ein Privileg, über die Opportunität zu verfügen, einen Familienbetrieb übernehmen zu können. Ihrem Vater ist es gelungen, diese Firma weit über die kritische Masse zu expandieren. Die nachfolgende Generation muss also nicht auf der grünen Wiese die Saat ausbringen. Auch wenn Veränderungen und Anpassungen dringend notwendig waren und die Coronavirus-Pandemie ihr unternehmerisches Geschick herausforderte, so konnten sie doch aus einer Stärke heraus agieren, verfügten über einen gewissen Kapitalstock und über Reserven, Kunden, Infrastruktur und gute Mitarbeitende. Nachfolgende Generationen mögen mit der Firma weniger Emotionen verbinden als die Gründergeneration, die meistens im vollen Risiko steht und dem Gelingen alles unterordnet. Das Leben der Späteren besitzt eine Mehrdimensionalität, es eröffnet Möglichkeiten und fördert Interessen an anderen Themen. Ihr Lebensentwurf spiegelt sich in unserem nächsten Kapiteltitel wider: «Wir sind nur anders fleissig».

Engagement muss nicht immer Kasse machen

Sind dies die Wege, die in der breiten Öffentlichkeit dafür sorgen, dass die Akzeptanz für die in der Schweiz jährlich vererbten Vermögen von nahezu 100 Milliarden Franken steigt, ohne sie einer hohen Steuer zu unterwerfen? Liegt darin die Verantwortung der übernehmenden Generation, sich ihres Privilegs bewusst zu sein und damit etwas zu tun, was einen gemeinschaftlichen Wert hat? Die noch folgenden Beispiele der engagierten Kinderärztin, des leidenschaftlichen Architekten, der Gründerin eines Start-ups bekräftigen dies.

Brenda Schweizers*, 45, Traum ist es, ihre eigene Kreativität zu fördern und sich auch Leerläufe leisten zu dürfen. «Aber das ist nicht Nichtstun. Philosophie ist Höchstleistung für das Gehirn, aber man sieht den Impact nicht.» Und Florian meint in diesem Zusammenhang:

> Nach meinem Ausstieg aus der Firma freue ich mich darauf, bei der Feuerwehr an meinem Wohnort mitzumachen, aber nicht als Kommandant, sondern als Gemeiner, der im Glied steht und ausführt, was ihm gesagt wird.

Das begründete und unbegründete «schlechte Gewissen»

Die Psychoonkologin Laure Vanotti*, macht auf die Isolation aufmerksam, die Reichtum verursachen könne. Manche ihrer Patienten kämpften schon seit der Kindheit damit, sich ausgeschlossen zu fühlen. Eine Patientin etwa traute sich nicht, ihre Kollegen zu sich nach Hause in die Villa einzuladen – ein Haus, so stattlich, dass weder sie noch Kollegen noch ihre Bekannten es sich je leisten könnten –, die ihr ihr Vater aus steuerlichen Gründen früh übertragen hatte. Ein anderer Patient lehnte das Vermögen seiner Eltern ab, weil es seiner Meinung nach zu rasch entstanden und somit aus seiner Sicht nicht fair erwirtschaftet worden war. Er weigerte sich auch, in die Limousine seines Vaters, die diesen Reichtum demonstrierte, einzusteigen. Allerdings, so Laure, stammten diese Episoden aus den 1980er Jahren, als das gesellschaftliche Umfeld offen zur Schau gestellten Reichtum abgestraft und junge Menschen dem Kapitalismus kritisch gegenübergestanden hätten:

> Das nehme ich heute anders wahr. Die erwachsenen Kinder haben einen viel lockeren, ungenierten Umgang mit Geld. Sie sind froh und dankbar, sich Dinge leisten zu können. Reichtum ist akzeptierter, man spricht heute offener über Geld als früher.

Die Autoren meinen, dass mehr Akzeptanz und Offenheit durchaus wünschenswert wären. Doch Judith relativiert: «Unter Studierenden, zumindest den Linken, ist es immer noch cooler zu sagen, man hat kein Geld, als zu sagen, man hat keine finanziellen Sorgen.»

Und dann existiert auch das Problem der eigenen Akzeptanz. Für Tis*, 35 Jahre alt, ist Erben kein Privileg, sondern ungerecht und falsch. Das Vermögen der Familie wuchs durch die Teilhaberschaft des Vaters an einem sehr erfolgreichen Unternehmen stark an. Tis empfindet die Kumulation von Kapital als grundsätzlich verwerflich – anders als die Geschwister. Als der Vater seine Geschäftsanteile verkauft habe, hat Tis ihm vorgeworfen, dass dieses Geld gestohlen sei. Plötzlich Teil einer reichen Familie zu sein, sei für Tis ein Schock gewesen. Ungleichheit verletzt Tis' politischen Prinzipien, was die Zugehörigkeit zur Familie in Frage stellte. So oder so schämte sich Tis für den Umzug in ein schönes, grosszügiges Haus und mit dem Vater, der diese Haltung nicht verstand, gab es häufig Streit.

Tis folgt dem eingeschlagenen Weg und lebt frugal (mit einem Budget unter der Armutsgrenze) und lehnt jeglichen Besitz ab. Den jährlichen überwiesenen fünfstelligen Betrag der Eltern, erhalten Menschen, «die dieses Geld dringender brauchen». Tis unterrichtet Migranten und verkehrt mit Menschen, die nach ähnlichen Prinzipien leben.

Bemerkenswert ist, dass sich Tis mit den Geschwistern, die einen traditionellen Lebensstil verfolgen, gut versteht. Man akzeptiert die Andersartigkeit des jeweils anderen und bekennt sich trotzdem zur Familie und ist mit ihr nach wie emotional verbunden. Tis war dann trotzdem dankbar, auf die familiären finanziellen Ressourcen zurückgreifen zu können, als es zu einer Notsituation kam.

So wie sich Tis für die Wohnsituation der Familie schämte, hatte Brenda, Unternehmerin aus der Schweiz, Mühe mit dem Auto ihres Vaters. Als Teenager schämte sie sich, wenn ihre Eltern zu Hause zu einem Fest einluden und ihr Vater das in ihren Augen «teure» Auto vor der Garage stehen liess. Sie wollte, dass er es in die Garage stellte, damit es die Gäste nicht sehen konnten. In der Schweizer Stadt, in der Brenda heute wohnt, rollen viele luxuriöse Fahrzeuge auf der Strasse und der damalige Mittelklassewagen des Vaters war gar nicht so teuer. Aber als Teenager sah sie die Dinge schwarz oder weiss, sie hatte Ideale, wollte sich in Transformationsländern engagieren und nicht anders sein als andere. Richtig bewusst, dass sie anders waren als andere Familien, wurde ihr erst, als ihr Bruder ihr sagte, dass sie sich keine Sorgen zu machen brauche, es werde dann (mit Geld) schon irgendwie gehen.

Brenda verstand das nicht und wollte sich nicht darauf abstützen. Sie fand es ungerecht, dass sie über diese Privilegien verfügte und diese Ungerechtigkeit wollte sie unter keinen Umständen zur Schau stellen. Brenda verstand dann immer besser, wie sie dieses Privileg auf eine, für sie akzeptable Art, nutzen konnte: Wenn es wirklich schlimm kommt, ist ein Netz da.

Unabhängig von der politischen Einstellung ist plötzlicher Reichtum aufgrund eines Erbes für viele mit Scham behaftet: Geld, das man nicht selbst verdient habe, habe man nicht verdient. Es ist offensichtlich, dass solch eine negative Haltung einem entspannten Umgang mit Vermögen nicht zuträglich ist. Gleichwohl ist er möglich: indem man das übertragene Vermögen den eigenen Wertvorstellungen entsprechend investiert oder einsetzt. Durch diese Transformation macht man es sich tatsächlich zu eigen – dazu mehr in den Kapiteln 8, 9 und 10.

Herkunft und Partnerwahl

Welchen Einfluss hat die Herkunft aus einer vermögenden Familie auf die Partner- und Berufswahl? Tim meint:

> Ein Mann ohne Geld kommt in seiner Alterskategorie selten mit einer Frau mit viel Geld zusammen. Da geht es trotz aller Gleichberechtigung und Diversität immer noch klassisch zu. Frauen aus finanziell bessergestellten Kreisen suchen meistens Männer mit guten monetären Aussichten. Aber es kommt auch auf die Ausbildung an. Ein Mann ohne gute Ausbildung und guten Job findet wahrscheinlich keine Frau, die bereits 400 000 CHF im Jahr verdient. Umgekehrt ist es anders.

Marcel Megerle, Gründer und Geschäftsführer von FUTUN, einer Firma, die Unternehmerfamilien und Familienstrategien begleitet, widerspricht teilweise, wenn er sagt, dass die dynastische Heirat, also das Heiraten innerhalb ähnlicher Vermögensklassen, aus der Mode gekommen sei. Unter Umständen sei es problematisch, wenn nur noch Liebe im Spiel sei. Die Stabilität einer Beziehung sei ausgeprägter, wenn die Partner aus einem ähnlichen sozialen Milieu stammten. Als Vermögender und Berater im Bereich Family Governance ist für ihn heute unklar, ob der Trend weg von der dynastischen Heirat anhalten wird.

Im Buch «Familienstrategie erleben und gestalten» wird von vier Kapitalsorten gesprochen: Das ökonomische Kapital meint die materielle Ausstattung einer Person mit Besitz, Vermögen und Einkommen. Das kulturelle Kapital umfasst Bildung und die Kompetenz, wie mit Kulturgütern umgegangen wird. Das soziale Kapital beschreibt den Zugang zu Ressourcen über soziale Verbindungen (z. B. «Vitamin B»), Netzwerke, Mitgliedschaft in Gruppen und Beziehungen. Das symbolische Kapital schliesslich, bezieht sich auf Prestige, Ansehen und gesellschaftliche Anerkennung. Megerle vermutet, dass bei der Partnerwahl diese Kapitalsorten entscheidend seien.

Vermögensübergabebedingungen

Eine der Fragen, die wir unseren über dreissig Gesprächspartnern stellten, bezog sich auf die Erwartungen der Eltern, was die Kinder mit dem Erbe tun sollten. Sie lautete: «Findest du es richtig, wenn die Eltern Bedingungen an den Vermögensübergang stellen?» Darf die Übergabe des Vermögens mit Konditionen verbunden sein? Die Meinungen waren gespalten: Etwa ein Drittel verneinte dies, ein Drittel empfand dies als legitim, ein weiteres Drittel war der Meinung, es komme darauf an, welche Bedingungen gestellt würden. Wie ist diese Uneinigkeit zu erklären?

Die Befürworter bezogen sich vor allem auf den unternehmerischen Aspekt. Weiterzuführen, was eine oder mehrere Generationen zuvor mit einer Geschäftsidee begonnen haben, setzt voraus, dass man über das nötige Rüstzeug wie zum Beispiel Ausbildung, praktische Erfahrung, Interesse für die Branche, Geschäftssinn und ein Verantwortungsgefühl verfügt. Es muss sich für die Beteiligten anders anfühlen, als wenn sie liquides Kapital erben. Der Name der Familie oder der Firma hat eine grössere Aussenwirkung als die Verschwiegenheit eines Schweizer Bankkontos und eine grössere Innenwirkung, wenn man plötzlich Arbeitgeber wird oder Eigentümer eines Wertes, an dem auch andere Familienmitglieder teilhaben wollen.

Frank Hauss*, Unternehmensberater und selbst Nachfahre einer Unternehmerfamilie, bezieht sich bei den Übergabebedingungen vor allem auf das Erreichen einer geistigen Reife, wenn das Erbe übergehe. Zudem plädiert er für Eheverträge.

Die meisten Interviewten sagten, sie wären enttäuscht, wenn sie beim Erbe ausgelassen würden. Es wäre für sie ein Ausdruck fehlender Anerkennung oder mangelnden Vertrauens der Eltern, dass die Kinder damit sinnvoll umgehen werden. Daniel würde dies frustrieren, und umso mehr, wenn er nichts über die Beweggründe wüsste. Florian meint, Bedingungen seien in der Unternehmensführung notwendig, aber man sollte als Geschäftsleiter auch Luft zum Atmen haben. Anna-Sophie Langkammer, Leiterin des Family Office bei Winheller GmbH, in Frankfurt am Main, einem Beratungsunternehmen, das sich auf Steuern und Recht spezialisiert hat, identifiziert bei einem bedingungslosen Vermögensübergang zwei Problematiken:

1. Die Eltern möchten vor allem sicherstellen, dass das Vermögen sinnvoll eingesetzt wird und den Familienwerten entspricht. Unterschiedliche Werte und Zielvorstellungen zwischen den Generationen bringen Konflikte mit sich.
2. Eltern wollen oftmals den Begünstigten Anreize geben, bestimmte Ziele (zum Beispiel bezogen auf die Ausbildung oder das unternehmerische und gesellschaftliche Engagement) oder Verhaltensweisen zu verfolgen. Möglicherweise wird ein Weg nur eingeschlagen, weil es die Vorgänger so vorgegeben haben. Die nächste Generation fühlt sich demzufolge ihrer Freiheit beraubt. Die Folgen können Resignation, eine fehlende Potentialentfaltung und viele unbefriedigte Bedürfnisse sein. Umso wichtiger ist es, gemeinsam eine Basis zu schaffen, die alle Beteiligten mit einbezieht.

Wir kommen darauf in Kapitel 12 zurück.

Die Nachkommen von Alex haben in ihren frühen Zwanzigern einen grosszügigen Geldbetrag erhalten mit der Auflage: Von jetzt an müssen sie selber haushalten. Was sie damit machen, wie sorgsam oder verschwenderisch sie damit umgehen wollen, ist ihre Angelegenheit. Aber den Vater zu bitten, für Auslagen, Reisen oder Rechnungen einzuspringen, ist ab nun nicht mehr erlaubt. Er mischt sich in die Verwaltung des Vermögens nicht ein, steht den Nachkommen aber mit Rat zur Verfügung – sofern sie das wünschen. Nach einer anfänglichen Begeisterung kam Unruhe bei den Nachkommen auf und schon bald wurde ihnen bewusst, dass sie – alle noch in der Ausbildung – von den Erträgen des geschenkten Geldbetrags leben oder einen studienbegleitenden Job finden mussten. Brauchen Sie mehr als das Vermögen aus Erträgen hergibt, muss der Kapitalstock herhalten. Ein uns bekannter Banker drückte dies folgendermassen aus: «Die Kuh kann geschlachtet werden, und man isst für eine gewisse Zeit Fleisch. Aber sie gibt keine Milch mehr, nie mehr, und irgendwann ist auch das Fleisch weg.» Die Nachkommen von Alex begannen, ihre eigenen Budgets zu entwickeln, weitsichtiger zu planen und, was ihnen eher neu war, auf manches zu verzichten. Obwohl immer noch in einer privilegierten Lage, begannen sie, finanziell selbständig zu werden.

Wir haben die Erfahrung gemacht, dass es besser ist, wenn die Eltern diese Phase der Selbstfindung nicht stören, indem sie ihren Nachkommen immer wieder Geldbeträge überweisen. Es besteht die Gefahr, dass sie sich von Überweisung zu Überweisung hangeln und fest davon ausgehen, dass ihr Bankkonto von den Eltern immer wieder neu alimentiert wird. Selbständig zu werden sieht anders aus. Wir befürworten deshalb punktuelle Auszahlungen wie zum Beispiel zum Abschluss der Ausbildung oder wenn es um ein Eigenheim geht, anstatt dass jedes Jahr zu Weihnachten ein materielles Geschenk an die Nachkommen übergeht.

Thomas Reusser*, 50, Kundenberater bei einer Schweizer Bank, äusserte sich kritisch in Bezug darauf, die Vermögensübertragung an Bedingungen zu knüpfen:

> Ich war immer der Meinung, dass die Eltern sehr wohl Bedingungen stellen dürfen. Seit ich aber das Buch «Von Geld und Werten» gelesen habe, sehe ich das anders. Die Eltern sollten authentisch sein, aber sie dürfen auch akzeptieren, dass sich die Kinder von ihnen emanzipieren.

Thomas meint, wenn die Eltern die Kinder an das Vermögen heranführten, seien sie Vorbilder dafür, wie damit umgegangen werden könne. Damit unterstützten sie die Befähigung ihrer Kinder, ihren eigenen Weg zu gehen – Bedingungen seien dann gar nicht mehr notwendig.

Der Grund dafür, dass Eltern ihre Kinder nicht zeitgerecht an das

Vermögen heranführen mögen, hat vielfach auch damit zu, dass sie meinen, ihre Kinder vor dem Vermögen «zu schützen», weil sie sonst nicht mehr arbeiten würden oder nicht befähigt seien, damit umzugehen. Die Autoren vermuten, dass in dieser Verhaltensweise auch das eigene Unvermögen als Erzieher mitschwingt, den Kindern beigebracht zu haben, wie schonend und verantwortungsvoll mit dem Vermögen umgegangen werden kann.

Frank Halter, Gründer und Inhaber von St. Galler Nachfolge, einer unabhängigen Plattform für Wissen und Erfahrung rund um das Thema Unternehmensnachfolge in Jona (CH), sieht es ähnlich wie Thomas:

> Für die Augen, Zähne und Füsse der Kinder, für ihre Ausbildung inklusive Fahrprüfung sind die Eltern mit ihren Finanzen verantwortlich … [lacht] Aber sonst? Es gibt zwar unser Erbrecht, aber es soll der Entscheid der Kinder sein, was sie mit ihrem Leben machen wollen. Auflagen gegenüber den Kindern als Grundsatz finde ich nicht gut. Wenn Kapital in einem Unternehmen gebunden ist, ist es vielleicht anders, und man kann als Vater oder Mutter einen Wunsch äussern. Aber bitte keine Auflagen!

Zum Thema Auflagen äussert sich Tina von Regensburg*, Tochter eines erfolgreichen Ökonomen und Finanzunternehmers, 39-jährig, wie folgt:

> Es gab Situationen, in denen meine Mutter wissen wollte, was ich mit dem Betrag, den sie mir in Aussicht stellte, tun würde. Das ist dann wieder so eine total typische Mutter-Tochter-Situation, die überhaupt nicht auf Augenhöhe stattfindet. Es entmündigt mich. Eltern, die Bedingungen stellen, sollten sich überlegen, ob sie nicht etwas in der Kindererziehung verpasst haben, dass sie heute nicht mehr Vertrauen in ihre Kinder haben. Oh, wie sehr hätte ich mir die Aussage «Du wirst damit schon das Richtige machen, und wenn du Hilfe brauchst, lass es mich wissen» gewünscht. Sie hätte damit signalisiert, dass sie mir vertraut, dass es aber auch eine Verantwortung ist – wunderbar! Im Teenageralter habe ich mich sehr stark gegen alle Konventionen gestemmt und genau das Gegenteil von dem gemacht, was man von mir erwartete. Das kommt dann bei solchen Situationen wieder hoch.

Somit ergibt sich eine gute Diskussionsgrundlage für Eltern, Familien und Nachkommen: Wurzelt das scheinbare Unvermögen der nachfolgenden Generation, mit dem Vermögen umgehen zu können, im fehlenden Vertrauen oder in der mangelnden Anerkennung der Eltern? Valentina Pauli erklärt es so:

> Ich finde es nicht falsch, wenn meine Eltern Bedingungen stellen, aber es ist nicht schön. Die Freiheit sollte einem gelassen werden. Die Erziehung, die Kommunikation und die Auseinandersetzung finden vorher statt. Mit Geld sollte man die erwachsenen Kinder nicht mehr erziehen wollen. Dann ist es zu spät.

Vermögensübernahmebedingungen

Auch die nachfolgende Generation sollte beurteilen können, was sie übernehmen. In diesem Sinne äussert sich Manuela Marti*, 45-jährig, CEO und Eigentümerin einer Firma in zweiter Generation:

> Bevor man Verträge unterschreibt, sollte man sich extern beraten lassen, auch wenn das die familiäre Bande schwieriger macht. Man muss sich der Diskussion mit den Eltern stellen. Eine «Due Diligence» ist auch im familieninternen Übergang unbedingt notwendig. Der, der abgibt, weiss genau, was er macht, und der, der übernimmt, weiss eigentlich nichts. Von Governance hatte ich keine Ahnung und es gab eigentlich auch keine Governance, als ich übernahm. Es geht um so viel und mir sind nach der Übernahme so viele Sachen um die Ohren geflogen.

Die Ablösung von ihrem Vater hat sie als schmerzhaft in Erinnerung, auch wenn sie heute erkennt, dass dies auch für ihren Vater nicht einfach gewesen sein musste. Was ihr am meisten gefehlt habe, sei die Anerkennung ihres Vaters für den anderen Weg, den sie mit der Firma einschlug – der erfolgreich war. Auf die Frage, ob und wie sie die Firma an ihre heute noch minderjährigen Kinder übergeben möchte, reagiert Manuela mit Skepsis: «Ich stehe dem kritisch gegenüber. Ich möchte nicht, dass meine Kinder diese schwere Last übernehmen müssen.» Die Autoren sind der Meinung, dass es die Verantwortung der Eltern ist, die Kinder zu befähigen, Entscheidungen im Zusammenhang mit dem

Vermögen fällen zu können. Die Entscheidung selbst, ob sie wollen oder nicht, sollte man aber eher ihnen überlassen. Siehe dazu auch Hector im nachstehenden Abschnitt.

Gemäss Schweizer Erbrecht erhalten die direkten Nachfahren einen Pflichtteil von mindestens 25 Prozent des erblassenden Elternteils. In Grossbritannien gibt es diese Regelung beispielsweise nicht. «Es liegt an ihnen, ob sie mir etwas hinterlassen wollen», sagt Hector in Bezug auf seine Eltern. Und weiter: «Es ist die Entscheidung des Empfängers, ob er das Erbe annehmen möchte oder nicht.»

Wer sich mit seiner privilegierten Vermögenssituation oder ihrer Entstehungsweise schwertut, hat also zumindest Alternativen: Die Kinder können das Erbe ausschlagen, so wie Tis. Ausschlagen ist auch gleichbedeutend damit, dass keine Bedingungen gestellt werden können. Die Kinder können sich politisch für eine hohe Erbschaftssteuer einsetzen oder das Geld spenden oder umverteilen. Zwar ist ein Verzicht am einfachsten umzusetzen, doch vergibt man sich damit auch der Möglichkeit, das Erbe in eine für sich selbst sinnvolle Richtung zu lenken. Während die zweite Möglichkeit folgend näher betrachtet werden soll, gehen wir auf die dritte in Kapitel 10 ein.

Umverteilung durch eine Erbschaftssteuer

Die deutsch-österreichische Aktivistin und Publizistin Marlene Engelhorn, Nachfahrin von Friedrich Engelhorn, dem Gründer von BASF, erfuhr 2019, dass sie schon bald einen zweistelligen Millionenbetrag erben würde. Seitdem beschäftigte sie dieses Thema. Zusammen mit Gleichgesinnten baute sie das Netzwerk «Resource Transformation» (rtrb) auf. Rtrb fordert die gerechte Verteilung von Landbesitz, Macht und Vermögen. Alle Menschen sollen die Möglichkeit haben, so der Text auf der Webseite von rtrb[4], an der Gestaltung der Gesellschaft teilzuhaben.

Für Engelhorn bedeutet Geld zu haben Macht zu besitzen. Es sei auch problematisch, dass diese Macht von Generation zu Generation weitergegeben und sie in Österreich für dieses Erbe nicht besteuert werde. Aber sie schlug das Erbe nicht aus, sondern setzte einen aus

4 www.resourcetransformation.org/was-wir-machen/23.04.2025, 14.50 h.

fünfzig zufällig ausgewählten Personen, aber für die Bevölkerung Österreichs repräsentativ zusammengesetzten «Guten Rat für Rückverteilung» ein, der sich an sechs Wochenenden traf und dann darüber entschied, wie ein Grossteil ihres Erbes, ca. 25 Millionen Euro, zur Verfügung gestellt werden sollten. Insgesamt wurde für 77 Organisationen optiert. Durch dieses ungewöhnliche Verhalten erfuhr Engelhorn grosse mediale Aufmerksamkeit. Möglicherweise motivierte sie damit andere privilegierte Personen zu einem ähnlichen Verhalten. Sie reiht sich damit in einen Kreis von Vermögenden ein, die sich nicht mit Spenden zufriedengeben, sondern sich auch für eine höhere Besteuerung einsetzen. In Europa bündelt der Verein Tax Me Now diese Stimmen, in den USA ist beispielsweise das Netzwerk Patriotic Millionaires aktiv.

Die UBS hat in einer weltweiten Milliardärs Studie [5]ermittelt, dass Erbschaften mehr Milliardäre geschaffen hätten als Unternehmertum. Gemäss Marius Brülhart, Wirtschaftsprofessor an der Universität Lausanne, ist der Anteil der Erbschaften am Volkseinkommen von 1975 bis 2011 von 5 Prozent auf 13 Prozent gestiegen[6]. Die politisch linksstehenden Schweizer Parteien versuchen seit längerem, eine Erbschaftssteuer einzuführen. 2015 wurde eine entsprechende Initiative mit der Forderung einer Erbschafts- und Schenkungssteuer von 20 Prozent mit 71 Prozent Gegenstimmen abgelehnt. 2022 wurde ein erneuter Anlauf unternommen, die Erbschaften über 50 Millionen Franken mit 50 Prozent zu besteuern. Dies würde in der Schweiz etwa 2000 Personen betreffen, kleine und mittlere Unternehmen (KMUs) wären ausgenommen. Die voraussichtlichen Einnahmen von rund 6 Milliarden Franken sollten für den Klimaschutz und den «ökologischen Umbau der Wirtschaft» eingesetzt werden. Der Urnengang wird voraussichtlich 2026 stattfinden.

Wie stehen die von uns interviewten Personen zur Erbschaftssteuer? Aufgrund der Aktualität und der politischen Brisanz des Themas geben wir folgend einige Antworten wieder:

---

5 UBS Billionaire Ambitions Report 2023: Der grosse Vermögenstransfer, 30. November 2023.

6 Marius Brülhart, in die Volkswirtschaft, vom 22.05.2015, Erbschaften in der Schweiz stark angestiegen.

Ich finde eine Erbschaftssteuer, auch aufgrund meiner politischen Gesinnung gut. Es ist mir bewusst, dass es, wenn es um materielle Güter geht, komplizierter ist. Unter Umständen müsste eine Immobilie mit hohem emotionalem Wert verkauft werden, weil die Erbinnen und Erben Erbschaftssteuern bezahlen müssten. Bargeld erben ist irgendwie surreal und bei grossen Summen ist es immer noch viel Geld, auch wenn zum Beispiel 30 Prozent Erbschaftsteuer abgezogen würden. Umverteilung ist in einem Sozialstaat sinnvoll. Über die Steuer hat der Staat die Möglichkeit, in das Gemeinwohl – Bildung, Infrastruktur, Gesundheitssystem usw. – zu investieren. So profitieren auch reiche Menschen, die Erbschaftssteuer bezahlen, davon (Judith).

Eine Erbschaftssteuer ergibt Sinn, obwohl man den Staat kritisch bewerten muss. Freiwilligkeit wäre ideal, aber wenn die Erben von sich aus nichts machen, sollte der Staat eingreifen. Trotzdem würde ich gerne etwas behalten und an meine Partnerin und unser Kind weitergeben, damit sie die Kosten stemmen können; und für meine Rente, die aufgrund des beschränkten Einkommens tief ausfallen wird (Tis).

Die Erbschaftssteuer tut vielleicht auf dieser Stufe am wenigsten weh. Es ist für mich aber auch eine Frage des Masses. Man sollte nicht dazu gezwungen sein, die geerbte Firma oder das geerbte Haus zu verkaufen, um die Steuer zu bezahlen (Georg).

Ich komme ursprünglich aus Frankreich, einem Land, das ab einem Vermögenswert von 1.8 Millionen Euro eine Erbschaftssteuer von 45 Prozent für Familienmitglieder in gerader Linie (Eltern, Kinder, Enkelkinder) in Rechnung stellt. Für mich wäre deshalb eine Erbschaftssteuer von bis zu 10 Prozent okay (Noemi).

Ich erkenne als Erbe eines erfolgreichen Immobilienunternehmens eine gewisse Ungerechtigkeit im Vergleich zu anderen, finanziell weniger privilegierten Kreisen an. Ab einem gewissen Level mag Umverteilung Sinn ergeben. Ich finde es auch okay, dass erfolgreiche Unternehmen nicht gerade wenig Unternehmenssteuern bezahlen. Aber: Es stellt sich die Frage, wieso das Steuerregister nicht öffentlich ist. Es würde einiges ans Licht bringen und anderes relativieren (Jasper).

Eine Erbschaftssteuer ist nicht per se falsch. Die Erbschaft ist für mich ein Geschenk, und ich habe nicht den Anspruch, von diesem Geschenk nichts an andere abzugeben (Brenda).

Ein tiefer Prozentsatz ist akzeptabel, man kann es auch Solidaritätszuschlag nennen. Ich möchte aber für den Rest selbst entscheiden können, was damit geschieht. Bei der aktuellen Situation in Deutschland bin ich mir nicht sicher, ob der Staat damit etwas Besseres macht, als wenn ich die Freiheit habe, damit etwas Gutes zu tun (Tina).

Quatsch, das bliebe nur in Wien hängen und würde in der Verwaltung versickern. Ich brauche keinen Fiskus, der 20 Prozent Erbschaftssteuer abknöpft. Wer spenden will, soll das selber tun, so wie ich es für eine Mitarbeiterin mit einer schlimmen Krankheit gemacht habe. (Florian)

Ich möchte nicht, dass die Familie doppelt Steuern bezahlt. Objektiv betrachtet ist es aber ab 50 Millionen Franken okay. Und wenn man mit dem Erbe nichts Gescheites anzufangen weiss, sollte man lieber Steuern zahlen (Dimitri).

Ich finde eine Erbschaftssteuer nicht gut, weil es sich um eine Doppelbesteuerung handelt. Wenn die Erben kein Anrecht auf das Vermögen der Eltern haben, soll auch der Staat kein Anrecht haben, eine Erbschaftssteuer einzufordern. Ich kenne zahlreiche finanziell privilegierte Familien, die von sich aus gemeinnützige Projekte und Institutionen unterstützen – eine lobenswerte Aktivität, die man mit der Einführung einer Erbschaftssteuer nicht demotivieren sollte. In der Schweiz gibt es etwa 13 400 gemeinnützige Stiftungen, eine einzigartige Dichte für ein so kleines Land (Claire).

Der Journalist Harald Martenstein, unter anderem Kolumnist des «Zeit Magazins», in dem er sich zu Zeitfragen äussert, weist das Erbe der Kategorie «leistungsloses Einkommen» zu.

Ich befürworte leistungsloses Einkommen. Jeder, der Sozialhilfe in irgendeiner Form bekommt, bezieht ein leistungsloses Einkommen. Leistungslose Einkommen sind geradezu das Grundprinzip des Sozialstaats, den ich, wie gesagt, befürworte. Lotteriegewinne sind leistungsloses Einkommen, Zinsen waren einst ein solches, das bedingungslose Grundeinkommen wäre auch eines. Von den anderen leistungslosen Einkommen unterscheidet sich ein Erbe dadurch, dass dieses Geschenk nicht vom Staat kommt, sondern von einem freien Individuum. Das ist es, was stört.

Weiter sagt er, dass ohne Reiche und ohne ein soziales Gefälle ein Land wie Deutschland in der heutigen Form gar nicht existieren könnte, weil sonst der Wille, ein Vermögen oder ein Unternehmen zu schaffen, zerstört werden würde. Erst die Ungleichheit ermögliche den Sozialstaat. Martenstein weist darauf hin, dass es genügend Beispiele von egalitären Gesellschaften gibt, die kollabiert sind oder nicht vom Fleck kommen.

Wir möchten die Aussage, dass eine Erbschaft wie ein Lottogewinn gänzlich leistungslos erfolge, zur Diskussion stellen. «Die Leistung» zu erben liegt zwar nicht in der Arbeit, aber im Erdulden von Dingen. Wo Reichtum unternehmerisch, durch Arbeit geschaffen wurde, werden Kinder oft fremdbetreut und mangelnde Aufmerksamkeit und Anerkennung wird mit Materiellem vergolten, weil das Unternehmen immer an erster Stelle kommt. Weiter werden Erfolge der Nachfahren vom Umfeld oft belächelt statt gewürdigt, weil immer davon ausgegangen wird, dass die Startmöglichkeiten so oder so besser waren, nur weil man einer finanziell privilegierten Familie entstammt. Umgekehrt kann ein beruflicher Erfolg, etwa eine Professur, beim Erben eines Firmenimperiums als mangelnde geschäftliche Tugend ausgelegt werden. Mit der privilegierten Position entsteht bewusst oder unbewusst ein Erwartungsdruck es ebenso gut zu machen, wie die Vorfahren. Und gut machen heisst dann meistens (finanziell) mindestens so erfolgreich zu sein wie die Vorfahren. Diesen Druck und diese Erwartungshaltung werden die Nachfahren aus mittelständischen Familien selten zu spüren bekommen. Die Messlatte ist immer der Erfolg der Personen, die das Vermögen erschaffen haben. Und je grösser das Vermögen ist, desto grösser ist auch die Verantwortung. Diesem mentalen Druck standzuhalten, ist das keine Leistung? Die Aufmerksamkeit, die Geschäftsentscheide, Investitionen, Immobilien, und andere Formen des Materiellen verlangen, wird unterschätzt. Der gänzlich sorgenfreie Reichtum ist weitgehend eine Illusion.

Tina betrachtet deshalb ihr Erbe auch als «Schmerzensgeld» und als teilweise Kompensation dafür, was ihr an Mutterliebe und gesellschaftliche Anerkennung für eigene Leistungen versagt blieb.

Nun könnte man argumentieren, dass eine signifikante Erbschaftssteuer all diese Probleme ja lösen würde. Der Staat wisse besser, wie und wo das Geld eingesetzt werden solle. Zudem werde durch die Besteuerung des Nicht-mehr-so-viel-Erbenden gewissermassen auch noch die Gelegenheit zu einem bodenständigen Leben mit weniger Stress gegeben. Von dieser vorausschauenden Form der Hilfe halten wir wenig. Wir denken nicht, dass eine Erbschaftssteuer das Allgemeinwohl in dem Masse verbessert, wie es vermögende Familien tun können, die klug, vorausschauend, über Generationen denkend und für gemeinnützige Themen sensibilisiert, nach dem optimalen Umgang mit Vermögen streben. Der Einfluss, die Kreativität, das Engagement der nächsten Generation vermögender Familien sollten als eine wertvolle Ressource angesehen werden, nicht als ein soziales Übel, das es zu verhindern gilt. In ihrer Vielfalt werden die Nachkommen bessere Wege finden können, das übernommene Vermögen sinnvoll einzusetzen, als die von kurzfristigen Interessen geleiteten Politiker.

Von dieser nächsten Generation und der Skepsis, mit der sie von der öffentlichen Meinung taxiert wird, handelt das nächste Kapitel. Es ist nicht neu, dass Ältere die nächste Generation kritisch sehen. Genauso wurden sie von ihren Vorfahren prüfend betrachtet. Wer einen grossen Teil seines Lebens schon hinter sich hat, sollte sich fragen, wie differenziert seine Einschätzung der jungen Generation ist. Wenn sich jede Generation von der anderen unterscheidet – wo stehen wir heute?

4 «WIR SIND ANDERS (FLEISSIG)»: WIE SICH DIE NACHFOLGENDE GENERATION VON IHREN ELTERN UNTERSCHEIDET

«Wir sind nicht in diese Welt geboren worden, um uns zu Tode zu arbeiten. Wir wissen heute, dass die gesundheitlichen Schäden der Leistungsgesellschaft hoch sind. Ist es nicht sinnvoller, 80 Prozent anstelle von 100 Prozent zu arbeiten und dafür am Ende der beruflichen Karriere nicht ausgepumpt und leer zu sein?»

Thea Zürcher*

Optimistische Jugend

Jung sein war auch schon einfacher. Für die 19. Shell-Jugendstudie «Jugend 2024 – Pragmatisch zwischen Verdrossenheit und gelebter Vielfalt» wurden über 2000 Jugendliche zwischen 12 und 25 Jahren in Deutschland zu folgenden Themen befragt: Wie geht es der Jugend in Zeiten von Kriegen und anderen Krisen? Interessieren sie sich für Politik, und welche politischen Einstellungen und Werte vertreten sie? Was bedeuten ihnen Familie, Partner, Freunde und Freizeit und was denken sie über Bildung, Beruf und Zukunft? Der Fragebogen wird seit 1953 nur geringfügig angepasst, damit Vergleiche auch über längere Zeit möglich sind. Die Antworten waren verblüffend, weil man oft davon ausgeht, dass die jungen Menschen eine «no-future»-Haltung pflegen, eher pessimistisch gestimmt sind und kein Vertrauen in politische Institutionen haben – weit gefehlt.

75 Prozent der Befragten sind mit der Demokratie in ihrem Land zufrieden. Etwas mehr als die Hälfte ist politikinteressiert und möchte sich politisch engagieren (2002 waren es nur 34 Prozent). Über 90 Prozent nennen als wichtigste Lebensziele, gute Freunde zu haben, «die einen anerkennen und akzeptieren», einen Partner zu haben, «dem man vertrauen kann», oder ein «gutes Familienleben» zu führen. Für 83 Prozent ist die Anerkennung der «Vielfalt der Menschen» von zentraler Bedeutung. 73 Prozent streben einen hohen Lebensstandard an, und 82 Prozent befürworten die dazu notwendigen Tugenden wie Fleiss und Ehrgeiz. 88 Prozent sind der Meinung, dass es für einen hohen Lebensstandard grundlegende gesellschaftliche Normen braucht, die das Individuum, das Gesetz und die Ordnung respektieren und man sich anzupassen hat. Allerdings haben die Jugendlichen auch zunehmend Angst vor einem Krieg in Europa (81 Prozent) und vor Armut (67 Prozent). 55 Prozent stimmen der Aussage zu: «Die meisten Massnahmen, die vom Staat getroffen werden, bringen mir persönlich keine Vorteile».

In Deutschland leben laut dem Statistischen Bundesamt 8.3 Millionen Menschen zwischen 15 und 24 Jahren. Das sind nur noch 10 Prozent der Bevölkerung. Auch in der Schweiz und in Österreich setzt sich dieser demografische Wandel fort. Einer zunehmenden Minderheit anzugehören, bereitet den Befragten sorgen. Ihre Sorgen um den sich fortsetzenden Klimawandel, das notleidende Rentensystem, die Wohnungsnot und die mangelnde politische Integration und Bildung ist hoch. Die Jüngeren fühlen sich von den Älteren nicht genügend berücksichtigt.

«Das Monster, das ich rief»

Frank Hauss, der Unternehmerfamilien berät, meint, dass das Wertekorsett der älteren Generation nur teilweise auf die junge Generation übergegangen sei. Diese sehe Werte wie Leidenschaft, Engagement, Fleiss und Disziplin heute differenziert, so wie sich auch die religiös geprägten Werte stark verändert hätten. Werte, die von den Eltern vorgelebt worden seien, hätten aber Bestand. Im Zusammenhang mit der Unternehmensführung seien sie ebenfalls die langfristigen Leitplanken: «Werte werden mit Tinte geschrieben, Strategien mit Bleistift.»

So wie Thea versucht die jüngere Generation einen schonenden Umgang mit Ressourcen, auch den eigenen, zu finden. Gemäss dem Berater Hauss sind die Jungen dennoch der Meinung, dass es zwar Wachstum brauche, aber eben in der richtigen Dosis. Viele wollten nachfolgefähig werden, also Verantwortung für das Familienvermögen übernehmen, doch nicht unter der Bedingung einer kompletten Selbstaufgabe. Hauss befürchtet, dass KMUs als Wirtschaftsfaktor an Bedeutung einbüssten, weil sich die nächste Generation mit dem Unternehmen nicht mehr einhundertprozentig identifizieren könne und andere Werte vertrete. Ein Unternehmer habe ihm in Bezug auf die Haltung der nächsten Generation gesagt: «Wir müssen den Junioren beibringen, dass es inakzeptabel ist, wenn sie mit durchdrehenden Reifen vom Fabrikgelände fahren, in dem ein Arbeiter 800 Euro im Monat verdient.»

Für die nächste Generation geht es, wie so oft, darum, die Konsequenzen ihrer Entscheidungen zu bedenken. Wer ein eigenständiges Leben führen, sich nicht für die Mehrung des Familienvermögens einsetzen oder nur Teilzeit arbeiten will – ist die Bereitschaft, auf die

Früchte des Vermögens zu verzichten, dann ebenso gross? Welchen Stellenwert hat das, was man selber erarbeitet, im Verhältnis zu den Ausschüttungen aus dem Familienvermögen? Wer nicht arbeitet, weil er nicht muss, sondern von dem lebt, was er erhält, setzt damit nicht nur ein soziales Statement. Zunehmend vom Vermögen abhängig wird die Eigenständigkeit geopfert. Hauss mahnt, dass, wenn man nur noch von seinem Vermögen lebe, dies zum Wichtigsten im Leben werde. Das Eigentum werde zu einem «Monster», das immer gefüttert und gepflegt werden müsse. Auch wenn die Mehrheit der Menschen davon träume, in solch einer Situation zu sein, könne die konstante Beschäftigung damit zu einer Last werden.

Das Monster Geld und das Leistungsverhalten beleuchtet die Psychoonkologin Laure Vanotti noch von einer anderen Seite:

> Jeder Mensch hat eine Eigenverantwortung für sein Wohlbefinden. Wenn man nur damit beschäftigt ist, sein Geld zu vermehren, wird man auch gegenüber sich selbst rücksichtslos. Leistung beginnt das Leben zu dominieren. Die Ausgeglichenheit zwischen Funktions- und Befindlichkeitsbewusstsein fehlt, was sich im Beruf widerspiegelt. Was von mir und meiner gesellschaftlichen Funktion erwartet wird, steht nicht im Einklang mit dem, was ich gerne tue oder für was ich brenne. Stattdessen bin ich immer präsent, verfügbar; leistungsbereit sein zu müssen, kann zu einer Erschöpfungsdepression oder sogar zu Krebs führen.

Inneres und äusseres Vermögen

In einem Interview mit Andreas Arni, dem CEO von Marcuard Family Office, einem Multi Family Office in Zürich, sprach der Internist und Psychotherapeut Dietmar Hansch über das Spannungsfeld zwischen innerem und äusserem Vermögen und den psychischen Herausforderungen, welche mit der Verantwortung über beträchtliche Vermögen einhergehen können. Hansch weist darauf hin, dass man in einer privilegierten Familie immer mit dem Vermögen konfrontiert werde, auch wenn man es ausschlage oder verschenke – ein Entscheid zudem, den man vielleicht später einmal bedauern könne. Wer in den Umkreis eines grossen Vermögens gerate, könne nicht nicht entscheiden. Man könne das Vermögen zwar fremdverwalten lassen. Dafür müsse man den Beratern aber Vertrauen entgegenbringen können. Es gelte herauszufinden, wo die Möglichkeiten und Grenzen der eigenen Genussfähigkeit lägen. Übernehme man selbst die Verwaltung, müsse man über entsprechende Kompetenzen verfügen. Diese psychologischen, sozialen und fachlichen Fähigkeiten könne man als ein inneres Vermögen dem äusseren Vermögen, also den eigentlichen Vermögenswerten wie Bargeld, Beteiligungen, Unternehmenswerten, Immobilien, Kunst etc. gegenüberstellen. Beide müssten sich in einem Gleichgewicht befinden. Je grösser das äussere Vermögen sei, desto stärker gelte es, dass innere Vermögen zu entwickeln, um den damit einhergehenden Herausforderungen begegnen zu können. Gewiss eröffne das Vermögen Entwicklungspotential, neue Möglichkeiten, was man damit tun könne. Gleichwohl existiere aber auch ein Risiko, damit nicht umgehen zu können und es lauern Fallen und Gefahren: Entfremdung, Einsamkeit bis hin zu grossem Misstrauen, die Gefahr, ausgenutzt zu werden, Selbstmotivationsprobleme, hemmungsloser Konsum zum Füllen einer inneren Leere, psychische Erkrankungen bei juveniler Wohlstandsverwahrlosung, Angststörungen, Depressionen und Suchterkrankungen.

Hansch empfiehlt, dass Betroffene eine reife und starke Persönlichkeit mit grosser Selbstkompetenz entwickeln sollten. Das sei komplex und benötige Zeit. Innere Freiheit entwickle sich durch Glücksquellen, beispielsweise durch den Aufbau einer Kunstsammlung. Sehe man diese nicht als Geldanlage, sondern eigne sich durch ein Interesse am Thema ein gewisses Kunstverständnis an, so emanzipiere man sich von Wertentwicklung oder dem Verlust der Kunst. Ausserdem sei «für Kunstgenuss der Besitz nicht entscheidend». Hansch meint, dass bei sehr grossen Vermögen eine psychologische oder Family-Governance-Beratung gerechtfertigt seien.

«Schlaflose Nächte im Zusammenhang mit dem Vermögen meiner Familie habe ich nicht mehr», sagt Tis, eine Person, die vom Familienvermögen nur wenig annehmen möchte:

> Der Family-Governance-Prozess hat mir sehr geholfen, viele Fragen haben sich dadurch klären lassen. Ich kann das Thema setzen lassen und beobachten, was es in mir auslöst. Ich kann mir Zeit lassen, Lösungen zu suchen. Ich bin froh, dass wir diesen Prozess früh begonnen haben.

Sich vom Familienvermögen zu distanzieren, heisst für Tis nicht, mit der Familie zu brechen, sondern vielmehr einander die jeweiligen Bedürfnisse verständlich zu machen. Dieser Prozess erlaubte Tis zum einen eine innere Distanz zum Erbe und zum anderen, Konflikte auszutragen, die schon seit längerem gärten. Nicht über Konflikte zu sprechen, hätte diese nicht zum Verschwinden gebracht.

Auch für Brenda Schweizer war die Begleitung durch einen externen Partner hilfreich:

> Den Prozess, den meine Eltern und wir Geschwister vor über zehn Jahren mit dem Family Office begonnen haben, war heilend und hat uns sehr geholfen. Man lernt, auf dem Musikinstrument Vermögen zu spielen.

Bereits vor diesem Prozess hatte Brenda ihre eigene Firma gegründet. In der Art und Weise, wie sie ihr Unternehmen führe, unterscheide sie sich nur unwesentlich von ihren Eltern. Unternehmertum bedeutet für sie in erster Linie, Verantwortung zu übernehmen und Arbeitsplätze zu sichern. Die Firma sei eine eigenständige Person. Es gelte, bei jeder Entscheidung abzuwägen, was für die Eigentümerin und was für das Unternehmen gut sei. Brenda stelle ihre eigenen Bedürfnisse oft zurück.

Basierend auf Brendas Aussagen lässt sich vermuten, dass sich im Verantwortungsgefühl für das Unternehmen von Generation zu Generation nicht viel verändert. Auch die nächste Generation wird nicht leichtfüssig die zum Teil langjährigen Mitarbeitenden zur Disposition stellen. Mit geerbtem liquidem Vermögen mag die Identifikation weniger hoch sein. «Anders fleissig zu sein» interpretieren wir so, dass eine neue Generation mehr Freiheiten besitzt zu entscheiden, wie und wann man arbeitet, wie man den Bedürfnissen der Kundinnen und Kunden nachkommt, in welchen hierarchischen oder eben weniger hierarchischen Strukturen die Arbeit geleistet wird und welche Bedeutung der Eigenverantwortung und Selbstmotivation zukommt. Ohne Fleiss geht es nicht.

2035 beginnt heute; die Zukunft im Blick der Erbengeneration

Der jungen Generation wird nachgesagt, mehr im Jetzt zu leben als ihre Vorfahren. Sie beschäftige sich damit, wie sie ihr Leben kurzfristig gestalten wolle. Sie sei weniger an eine Arbeitsstelle oder an einen Ort gebunden und verfüge über mehr Alternativen in der Lebensgestaltung, oft auch aufgrund ihres finanziellen Spielraums. In dem Zusammenhang fragten wir unsere Gesprächspartner, was sie langfristig, in zehn Jahren, als eine wünschenswerte Lebenssituation ansehen.

Für den jungen Unternehmer Florian ist es wichtig, dass seine schulpflichtigen Kinder dereinst dem nachgehen, was sie wirklich wollen und sich nicht zu stark vom Familienunternehmen beeinflussen lassen. Er wünscht sich, den Betrieb weiterhin zusammen mit seinen Brüdern zu steuern und nicht, wie sein Vater, alles allein machen zu müssen. Er will Mitarbeitende fördern und das Vertrauensverhältnis zwischen ihnen und ihm aufrechterhalten. Diese Aussagen äusserte er instinktiv und ohne zu überlegen – Freiheit und Selbstbestimmung sind ihm offensichtlich wichtig.

Nicht weit davon entfernt sind die Brüder Jan und Marcel Meister*, in ihren späten Zwanzigern, Nachkommen einer Unternehmerfamilie in der deutschen Schweiz. Neben der Gründung einer eigenen Familie und Gesundheit wünschen sie sich den Freiraum, ihren Job jederzeit kündigen zu können. Sie werden den Eltern im Familienunternehmen nicht nachfolgen, vielmehr ihre eigene Karriere verfolgen. Dennoch wollen sie das Familienvermögen erhalten. Sie hätten gelernt, mit ihrem Einkommen klarzukommen.

Noemi Brome*, die 28-jährige Anlagespezialistin, möchte weiterhin für das eigene Family Office tätig sein, finanziell unabhängig werden und zeitlich flexibel sein. Diese Flexibilität wünscht sich auch Tina. Als alleinerziehende Mutter benötige sie mehr finanziellen Spielraum für sich selbst, anstatt bei ihrer Mutter immer wieder als Bittstellerin aufzutreten. In dieser Aussage schwingt ein Verhaltensmuster mit, mit dem wir oft konfrontiert wurden. Manchmal stellte sich die ältere Generation auf den Standpunkt, dass die jüngere Generation nicht reif genug sei, mit einem grossen Vermögen umzugehen. Den Grund dafür sehen die Älteren nicht in ihrer eigenen Verhaltensweise als Erzieher oder Ausbilder, sondern in der fehlenden Affinität der nächsten Generation zu Finanzthemen. Wenn das Vermögen häppchenweise und unregelmässig weitergegeben wird, behält der Gebende die Kontrolle und damit auch die Macht. Umgekehrt übergab Alex Beck seinen Nachkommen grosse Beträge, um diese zur finanziellen Selbständigkeit zu führen.

Exkurs: Vom Ende der Leistungsgesellschaft

In seinem Artikel «Das Ende der Leistungsgesellschaft» (NZZ am Sonntag vom 14. April 2024) schreibt Peer Teuwsen, 58-jährig, Vater zweier Kinder und Leiter des Kulturteils der NZZ am Sonntag, dass die noch arbeitswilligen Menschen in der Schweiz vor allem in den tiefen und hohen Lohnsegmenten anzutreffen seien. 40 Prozent der arbeitenden Bevölkerung gingen frühzeitig in Pension, und viele reduzierten ihr Arbeitspensum ab dem 55. Lebensjahr kontinuierlich. Teilzeitarbeit wachse in allen Alterskategorien kontinuierlich. «Im Vergleich zum Jahr 2010 arbeitet heute ein Schweizer 14 Arbeitstage weniger pro Jahr». Teuwsen beklagt einen «Bruch mit dem Selbstbild des Fleisses» in einer Gesellschaft, die sich lange dem zwinglianischen Arbeitsethos verpflichtet gefühlt habe. Einen Grund dafür sieht er darin, dass jährlich fast 100 Milliarden Franken vererbt würden. «Jeder zweite Vermögensfranken in diesem Land ist geerbt.» Nicht nur die Reichen würden davon profitieren, sondern auch der breite Mittelstand – genug, wie es scheint, dass man mit der Arbeit einen Gang zurückschalten könne. Zudem beobachte er eine «totalitäre Achtsamkeit». Als seine Kinder, bei einem Skirennen im Mittelfeld platziert, festgestellt hätten, dass auch der Letzte dieselbe Medaille wie sie bekamen, habe dies ihnen Tränen der Wut in die Augen getrieben: «Gold, Silber, Bronze, das war gestern.» In der Arbeitswelt spiele die Leistung weniger eine Rolle als «Hautfarbe, Geschlecht oder andere Kriterien, die sich der eigenen Beeinflussung entziehen».

Diese Kritik möchten wir mit den Einschätzungen der betroffenen Generation kontrastieren. Im Folgenden antworten auf unsere Fragen zwei Frauen, Chloé Wiedmer*, Psychologin, und Thea Zürcher*, Sportwissenschafterin, und zwei Männer, Patrice Gmür*, Betriebswirtschafter und Mathis Walser*, Master of Science. Alle sind zwischen 25 und 27 Jahre alt und leben in der Schweiz.

Was denkt ihr über den durchschnittlichen Rückgang der Arbeitszeit?

Patrice: Ich sehe das eher positiv. Die Wirtschaft wächst, obwohl wir anscheinend weniger arbeiten.

Mathis: Ich habe das Gefühl, der Autor [Peer Teuwsen] hat sich im Generationenkonflikt verloren. Wir haben keine massiven wirtschaftlichen Probleme.

Chloé: Ich habe diese Zahlen überprüft, und es stimmt gar nicht, was Teuwsen sagt. Die Statistik sagt etwas anderes. Sie schliesst auch die COVID-Krise ein. Er schreibt nicht darüber, dass 2023 die Arbeitszeit wieder gestiegen ist. Weiter kann es auch mit dem sich verändernden Familienmodell zu tun haben. Frauen und Mütter arbeiten heute mehr, dafür Männer und Väter mehr Teilzeit.

Thea: Wenn es stimmen sollte, wieso wäre das so schlecht? Wir sind nicht in diese Welt geboren worden, um uns zu Tode zu arbeiten. Wir wissen heute auch, dass die gesundheitlichen Schäden der Leistungsgesellschaft hoch sind. Ist es nicht sinnvoll, 80 Prozent statt 100 Prozent zu arbeiten und dafür am Ende der beruflichen Karriere nicht ausgepumpt und leer zu sein?

Wie ist das vor dem Hintergrund der gestiegenen Lebenserwartung und des zunehmenden Lochs in der Altersvorsorge zu sehen?

Patrice: Ich rechne nicht damit, dass die staatliche Altersvorsorge meine Bedürfnisse im Alter abdeckt. Das Solidaritätsprinzip ergibt Sinn, aber ich befürchte, dass es längerfristig nicht mehr funktionieren wird. Man sollte besser selber für seine Rente sparen.

Mathis: Ein Grund der Lücke ist primär, dass sich die Demografie hin zu den älteren Leuten verschoben hat. Wieso regt sich die alte Generation darüber auf? Wir sind in einem Alter, in dem kaum jemand daran denkt, was nach 60 kommt.

Chloé: Ich frage mich, ob wir an dieser Situation etwas ändern können. Dieses Thema scheint nicht zuoberst auf der Prioritätenliste der Politiker zu stehen.

Thea: Wir werden eines Tages sowieso länger arbeiten müssen als bis 65. Und warum auch nicht, wenn es mir Spass macht?

Wie hoch ist eure Leistungsbereitschaft? Oder anders gefragt: Wie möchtet ihr arbeiten wollen?

Patrice: Jetzt, direkt nach dem Studium, ist sie sehr hoch. Ich will 100 Prozent oder mehr arbeiten, würde aber meine Arbeitszeiten anpassen wollen, wenn ich Familie habe. Nicht unbedingt reduzieren, aber mehr von zuhause aus arbeiten. Wieso 100 Prozent? Weil es in meinem aktuellen Job in der Finanzbranche nicht möglich ist, weniger zu arbeiten. Das heisst vielleicht auch, dass mein aktueller Job nicht mit meiner zukünftigen Familie vereinbar wäre. Ich möchte aber immer berufstätig sein.

Mathis: 100 Prozent, damit verdient man mehr als mit 80 Prozent. Die Familienfrage hat für mich keinen grossen Einfluss auf meinen Beruf. Er müsste einfach flexibel gestaltbar sein. Ich kann gut auseinanderhalten, was Privat- und Geschäftsleben ist. Wenn ich einen gut bezahlten Job hätte, wären 80 Prozent auch okay.

Chloé: Ich will mit Vollzeit beginnen. Wenn wir Kinder haben, bin ich bereit, reduziert zu arbeiten, vielleicht 50 bis 60 Prozent. Die Lohneinbussen nehme ich in Kauf. Es kommt auf die Unterstützung und die Kinderbetreuung an, wann ich mein Pensum wieder erhöhen könnte. Mein Beruf sollte mir eine gewisse Flexibilität erlauben.

Thea: Mit Familie kann ich mir vorstellen, mein Pensum von 100 Prozent zu reduzieren oder auch mal ganz auszusetzen. Es kommt auf die Anzahl der Kinder an. Mutter zu sein ist eine ebenso wichtige Aufgabe wie der Beruf meines Partners. Wenn er wenig verdienen würde, würde ich wohl auch arbeiten. Aber ich gehe davon aus, dass ein Einkommen reichen wird. Das ist wohl auch eine privilegierte Situation.

Wie stark beeinflusst euch die finanzielle Ausgangslage eures Elternhauses?

Mathis: Schon sehr stark. Wir hatten früher nie genug Geld, und es war immer ein Thema. Ich war ständig im Kontakt mit Menschen, die mehr hatten. Nach den Sommerferien erzählten alle, wo sie in den Ferien waren. Ich hatte nichts zu erzählen. Wir wohnten bescheiden, darum hatte ich Mühe, Schulkameraden zu mir nach Hause einzuladen. Ich will eines Tages mehr Geld haben als meine Eltern.

Patrice: Bei mir war es ähnlich wie bei Mathis. Ein Erlebnis ist mir geblieben: Die Familie meines Freundes lud mich nach Südfrankreich ein. Wir durften surfen, den Urlaub mit allem Drum und Dran geniessen, und meine Mutter musste nichts bezahlen. Sie hätte das Geld nicht gehabt. Als Kind störte es mich nicht, dass ich nicht dieselben Möglichkeiten hatte wie andere. Aber als Vater will ich meinen Kindern solche Erlebnisse ermöglichen.

Chloé: Man gewöhnt sich an die privilegierte Situation. Ich bin in einem Einfamilienhaus aufgewachsen, aber ich habe nicht den Anspruch, einmal unbedingt in einem eigenen Haus zu wohnen, eine Wohnung tut es auch. Auf die Berufswahl hatte die Situation meiner Eltern keinen Einfluss. Wobei, wenn ich arm aufgewachsen wäre, hätte ich vielleicht die Prioritäten anders gesetzt, länger zu Hause gewohnt und mich mehr um meine Noten an der Universität gekümmert.

Thea: Ich habe mich an gewisse Sachen gewöhnt. Wie viel ich verdiene, ist nicht so wichtig. Der Grund mag sein, dass ich aus einer finanziell gut situierten Familie stamme und mein Freund gut verdient. Ich bin mit meinen Eltern und Geschwistern viel an teure Orte gereist. Ich reise immer noch viel. Zelten wäre nichts für mich.

Wie wichtig ist euch finanzielle Eigenständigkeit?

Patrice: Sehr wichtig. In einer Partnerschaft sollten beide finanziell eigenständig sein. Wenn man mit seiner Freundin zusammenziehen und eine Familie gründen will, sollte man sich besprechen und einigen, wie man die Auslagen deckt. Geld ist keine Nebensache.

Mathis: Ich sehe das ähnlich. Wenn man Kinder hat, wäre es aber nicht sinnvoll, dass beide 100 Prozent arbeiten. Die Person, die sich um die Kinder kümmert, soll sich auf den Partner, der arbeitet, verlassen können, und umgekehrt. Ich würde lieber auf Kinder verzichten, wenn meine Partnerin 100 Prozent arbeiten möchte. Man sollte konsequent sein. Den Kindern gegenüber hat man eine Verantwortung, nicht nur finanziell, sondern muss auch Zeit mit ihnen verbringen.

Chloé: Finanzielle Eigenständigkeit ist mir wichtig. Ich wäre aber bereit, sie einzuschränken, wenn wir Kinder haben. Auslagen wie Ferien könnte man ja nach Einkommen anteilsmässig aufteilen. Meine Kleider möchte ich jedoch immer selbst bezahlen können. Ich will darüber keine Rechenschaft ablegen müssen.

Wie stellt ihr euch zu der Meinung, dass bei einer Anstellung die Leistung weniger zählt als die Hautfarbe, das Geschlecht oder andere Kriterien, die man nicht beeinflussen kann?

Patrice: Ich bin auf jeden Fall für Chancengleichheit für alle. Ich habe das Gefühl, dass die Diversität tatsächlich zunimmt, auch in meinem Arbeitsumfeld, wo sich nur wenige Frauen bewerben. Wobei, es muss schon frustrierend sein, wenn ich als weisser Mann mit gleich guten Qualifikationen den Job, der an eine Konkurrentin geht, nicht bekomme.

Mathis: Es ist gut, dass die Diversität zunimmt. Wenn sich etwas nicht ändert, muss man eben dafür sorgen, dass es sich ändert. Bei gleich guter Leistung sollte man eine weniger privilegierte Personen bevorzugen. Was ich nicht gut finde, ist, wenn schlechtere Kandidaten aus Gründen der Diversität bevorzugt werden. Ich glaube aber nicht, dass das in betriebswirtschaftlich organisierten Firmen passiert. Am schlimmsten finde ich Nepotismus, wenn der Kandidat den Posten bekommt, dessen Vater den CEO kennt. Das gehört verboten.

Chloé: Frauen in verantwortungsvolle Positionen zu befördern ist eine Phase, in der es darum geht, einen Ausgleich zu schaffen. Zudem gibt es heute mehr und besser qualifizierte Frauen als früher, die Auswahl ist somit viel grösser. Das ist gut so.

Thea: Wenn die Diversität erreicht ist, wird sich die Situation neu einpendeln.

Frage: Welche Themen beschäftigen euch hinsichtlich der Zukunft am meisten?

Patrice: Die Gesundheit und der fehlende Frieden zwischen den Menschen. Es gibt zu viel Aggression.

Mathis: Die sich zwischen Arm und Reich weiter öffnende Schere, vor allem über die Kontinente hinweg.

Chloé: Der Klimawandel, die zunehmend extremen Meinungen, das undifferenzierte, polarisierende Schwarz-Weiss-Denken, die abnehmende Offenheit und Toleranz.

Thea: Die abnehmende Offenheit. Ich verstehe nicht, warum Menschen so eine starke Abneigung gegen die Woke-Welle haben, es schränkt sie ja in ihrem eigenen Leben nicht ein. Etwas mehr «leben und leben lassen» würde uns gut anstehen. Man hat als Cis-Person keine Nachteile, wenn man woke Personen als gleichwertig annimmt.

Was wäre für euch ein Idealzustand in zehn Jahren (Beruf, Privat, Wohnsituation, Einkommen, Arbeitszeit)?

Patrice: Einen interessanten Beruf im Finanzbereich, aber mehr in Richtung Venture Capital, der Finanzierung von jungen Unternehmen. Ich werde verheiratet sein mit zwei Kindern, in Stadtnähe wohnen, in einer Wohnung in einem kleineren Mehrfamilienhaus, mit einem guten Einkommen, einer Arbeitszeit von 100 Prozent, aber nicht mehr als 60 Stunden pro Woche arbeiten.

Mathis: Eine verantwortungsvolle Rolle mit Teamführung in einer grossen Firma oder eine selbständige Tätigkeit, ein Beruf, der Spass macht, verheiratet mit zwei Kindern, in einer schönen Wohnung in Stadtnähe oder in einem Haus, was aber schwierig zu finanzieren sein wird. Zumindest möchte ich gerne genug Platz in einer schönen Umgebung, ein gutes Einkommen und etwa 50 Stunden pro Woche arbeiten, ausser ich werde von der NASA als Missionsleiter für den Mars eingestellt. [lacht] Als selbständiger Unternehmer wäre ich auch bereit, mehr zu arbeiten.

Chloé: Als Psychotherapeutin Teilzeit arbeiten, verheiratet, mit zwei Kindern, eine ruhig gelegene, grosse Wohnung im Grünen in Stadtnähe, mein Einkommen sollte so komfortabel sein, dass ich mir Ferien oder schöne Möbel leisten kann.

Thea: Ich will einen Beruf ausüben, den ich einfach gerne mache, und eine Familie mit vier Kindern, Teilzeit arbeiten und ein Familienbudget haben, das ein entspanntes Leben erlaubt.

Was erwartet ihr von der Generation eurer Eltern?

Patrice: Die Vorurteile der älteren Generation gegenüber uns lasse ich nicht an mich heran. Aber ich finde es trotzdem schade, dass viele so denken.

Mathis: Ich wünsche mir, dass sie offen bleiben für Neues und Interesse daran zeigen, wie wir unser Leben leben, auch wenn manches davon für sie fremd ist. Ich wünsche mir das auch für mich, wenn ich älter werde.

Chloé: Sie sollte Verständnis für die Situation unserer Generation haben und den Herausforderungen, denen wir uns stellen müssen, etwa dem Klimawandel, technologischen und gesellschaftliche Veränderungen, etwa in Bezug auf sexuelle Orientierung. Sie müssen sich damit abfinden, dass starre Normen aufgelöst werden und nicht mehr alle gleich leben und denken.

Thea: Ich fand es beeindruckend, dass meine Grosseltern bei der Abstimmung «Ehe für alle» mit Ja gestimmt haben. Sie haben mit uns vor der Abstimmung darüber gesprochen. Wir konnten sie überzeugen. Meine Grossmutter näht Kleider seit Jahren selbst. Die Schnittmuster richten sich nach der neusten Mode. Ich finde dies eine schöne Metapher für das Leben über Generationen hinweg. Das Handwerk bleibt gleich, aber die Muster verändern sich.

Das «Buddenbrook-System»

In ihrem Leitartikel in der NZZ vom 4. Januar 2025 verglich die Redakteurin Christina Neuhaus, Leiterin der NZZ-Inlandredaktion, mit Fokus-Themen Politik, Gesellschaft und Debatte, die Schweiz mit dem Niedergang der Lübecker Familie Buddenbrook im gleichnamigen Roman von Thomas Mann und zitiert Otto von Bismarck: «Die erste Generation schafft Vermögen, die zweite verwaltet Vermögen, die dritte studiert Kunstgeschichte und die vierte verkommt vollends.» Neuhaus ist der Meinung, dass sich die Schweiz im Niedergang befinde und sinnbildlich in der dritten Generation angekommen sei. Noch im Jahr 2012 wurde die Volksinitiative «6 Wochen Ferien für alle» mit 66.5 Prozent der Stimmen abgelehnt. 12 Jahre später sagten gut 58 Prozent der Stimmbevölkerung ja zu einer 13. AHV-Rente, obwohl deren Finanzierung noch nicht gesichert war. Die Haltung der Schweizer Bevölkerung scheint sich vom *Geben* ins *Nehmen* verschoben zu haben. Neuhaus argumentiert, dass es der Schweiz seit Gründung des Bundesstaates 1848 immer besser gegangen und diese Entwicklung nun zum ersten Mal ins Stocken geraten sei, und verweist in dem Zusammenhang auf die Ergebnisse einer Langzeitstudie der Universität Luzern, die besagten, dass zwar 83 Prozent der berufstätigen Söhne und Töchter mehr als ihre Mütter verdienten, doch nur 39 Prozent mehr als ihre Väter. Ist diese Abstiegsangst gerechtfertigt?

Dieses Thema beschäftigt Daniel: «Seine Lebenskosten kann man bei entsprechendem Lohn auch mit einer Teilzeitbeschäftigung decken. In meinem Freundeskreis, wo alle studiert haben, arbeitet bereits mehr als die Hälfte weniger als 100 Prozent.» Thormann bezweifelt aber, dass ambitionierte berufliche Ziele mit einem Pensum von 60 Prozent erreicht werden könnten. Sogar ein «Overachiever» unter seinen Freunden habe auf 80 Prozent reduziert. Firmen, die Personal rekrutierten, hätten weniger Chancen, unter den besten Kandidaten auszuwählen, wenn sie Jobs mit 100 Prozent ausschrieben als mit 80–100 Prozent:

«Wozu der ganze Wohlstand, wenn man nicht davon profitiert?» Thormann meint, dass Wohlstand heute stärker verbreitet sei als noch vor dreissig Jahren. Um Innovationen auf den Markt zu bringen, sei aber voller Einsatz nötig: «Bei einem Start-up arbeiten die meisten 100 Prozent. Es geht nicht anders.» Thormann tausche sich viel mit seinem Vater aus. Sie nähmen sich Zeit, dem anderen zuzuhören und genau zu verstehen, was der jeweils andere denke. So lernten sie voneinander und schüfen eine Vertrauensbasis, sollte der Sohn dereinst vom Vater das Unternehmen übernehmen. Diese vertrauensvolle Kommunikation basiert auf gegenseitiger Wertschätzung, Respekt und Anerkennung. Wie wichtig diese Anerkennung ist, behandeln wir im nächsten Kapitel.

5 INTERGENERATIONELLE ANERKENNUNG: KOMMUNIKATION ALS BASIS ZUR POTENTIALENTFALTUNG

«Wertschätzung kostet nichts, aber sie ist von unschätzbarem Wert.»

Von Vorfahren zu Nachfahren

Müssten wir ein Wort wählen, um dem Vermögensübergang von der einen auf die andere Generation das bestmögliche Geleit zu geben, dann wäre es: Anerkennung. In unserem Buch «Von Geld und Werten» sind wir auf die Grundsätze der generationsübergreifenden Kommunikation eingegangen. Der Autor Dennis T. Jaffe, PhD, Berater von Unternehmerfamilien über Generation in den USA, empfiehlt der älteren Generation, den Jüngeren folgende Fragen zu beantworten:

- Wie habt ihr Verantwortung übernommen und was habt ihr dabei gelernt?
- Welche materiellen/immateriellen Werte habt ihr von euren Vorfahren übernommen, welche Werte wurden euch mitgegeben?
- Wie wollt ihr uns in der persönlichen Weiterentwicklung und Befähigung in der Verwaltung des Familienvermögens unterstützen?
- Wie möchtet ihr den intergenerationellen Austausch fördern?
- Wie wichtig ist euch der Prozess des Vermögensübergangs, wie möchtet ihr ihn gestalten und wie soll es zeitlich ablaufen?
- Welchen Freiraum lasst ihr uns in diesem Prozess und, sofern es solche gibt, was sind eure Bedingungen?

Um diese Fragen zu beantworten, müssen sie aber zunächst gestellt werden. Das ist die Aufgabe der jüngeren Generation. Es lohnt sich. Man motiviert damit die Eltern oder Grosseltern, sich Zeit zu nehmen und zu erzählen, wie es war, als sie noch jung und in einer vergleichbaren Situation waren. Sie sind dabei hoffentlich transparent, ungeachtet, ob sie das Familienvermögen in ihrer Zeit vergrössert oder verkleinert haben. Gerade die letzte Frage hat es in sich, denn fast immer haben die Eltern gewisse Erwartungen, tun sich aber schwer damit, diese auch mitzuteilen.

Idealerweise sprechen die Älteren dabei auch über Missstände, Misserfolge und Enttäuschungen in ihrem Leben und was sie daraus gelernt haben. Gerade wenn Eltern sehr erfolgreich sind, schaffen sie damit automatisch einen Erwartungsdruck bei ihren Kindern. Sich selber zu messen am Lebenswerk anderer, schlägt leicht in Ohnmacht um: «So viel werde ich nie erreichen», reden sich die Nachkommen dann ein. Sprechen die Eltern dann endlich einmal von ihren Fehlern und nicht nur von den Erfolgen in ihrem (Arbeits-)Leben, ist das für die Nachkommen lehrreich. Diese dürfen ruhig auch stochern, um Einzelheiten zu ergründen. Wie viel vom Erfolg waren Fleiss und Talent? War glückliche Fügung auch ein Teil davon oder eine lange Periode wirtschaftlichen Aufschwungs?

Die Eltern sollen nicht Massstab sein, an dem sich das eigene berufliche Fortkommen misst, sondern Hilfe, Unterstützung und Begleitung, einen vernünftigen Umgang mit dem Vermögen zu entwickeln und Verantwortung dafür zu übernehmen. Dazu gehört ein Austausch darüber, welche Werte beiden Seiten wichtig sind. Daraus kann sich das notwendige Vertrauen entwickeln, wenn die nächste Generation einen Lebensentwurf verfolgt, der anders ist als der der Eltern. Ein konkretes Beispiel soll im Folgenden gezeigt werden.

Einer der Autoren lernte an einer Bar in einem Wintersportort im Engadin Benedikt Strasser* kennen. Der Name kam ihm bekannt vor. Obwohl der Weg vom Sie zum Du kurz war, beschnupperte man sich zunächst und sprach über Alltägliches. Ein älterer Herr näherte sich den beiden von hinten und tippte Benedikt kurz auf die Schulter: «Ich gehe dann mal voraus.» Benedikt nickte und sagte, dass er gleich nachkomme. Der ältere Herr lief weiter Richtung Speisesaal. Benedikt schaute ihm nach und erwähnte, dass das sein Vater gewesen sei, der seit längerem pensioniert sei. Mit einer Mischung aus Stolz und Sarkasmus sagte Benedikt, dass sein Vater beruflich alles erreicht habe, was man erreichen könne. Auf die Frage des Autors, ob er in seine Fussstapfen getreten sei, schaute ihn Benedikt längere Zeit an und nahm einen Schluck aus seinem Glas:

Mein Vater wollte wohl aus dynastischen Gründen, dass ich aufs Gymnasium gehe und dann den gleichen Studiengang belege wie er. Ich hatte eine rasche Auffassungsgabe, aber die Schule ödete mich schon ab der zweiten, dritten Klasse an. Ich ging wohl als faulster Schüler in die Annalen der obligatorischen Schulzeit ein. Als ich meinem Vater mitteilte, dass ich eine Verkäuferlehre beginnen wolle, hätte er sich am liebsten alle Haare einzeln ausgerissen. Mit Widerwillen liess er mich machen.

Benedikt lachte trocken und erzählte weiter: «Ich erhielt meinen ersten Lohn und fühlte mich grossartig.» Aber schon während des ersten Lehrjahres begann Benedikt sich zu langweilen. Das zweite Lehrjahr zog er nur durch, weil er etwas mehr als im ersten Lehrjahr verdiente. Es war für ihn klar, dass dieser Beruf nichts für ihn war, was er seinem Vater gegenüber aber verschwieg. Er begann, sich Gedanken über seine berufliche Zukunft zu machen. Ein Zwischenjahr half ihm, sich auf die Prüfung für das Gymnasium vorzubereiten. Einen Teil davon finanzierte er mit dem Verdienst aus seiner Lehrzeit. Das war ihm wichtig. In der Übergangsphase hörte er von seinem Vater nie einen Vorwurf im Sinne von «Ich habe es dir ja gleich gesagt». Dafür sei er ihm dankbar. Für seinen Irrtum in jungen Jahren brauchte er sich nicht zu schämen. Retrospektiv betrachtet hatte dieser Entscheid eher etwas mit der Ablösung vom Elternhaus zu tun, als dass es Benedikt wirklich gewollt hatte.

Später entwickelte er einen eigenen Drive und sah in dem, was er lernte, einen Sinn. Nach der Matura schrieb er sich an der Betriebswirtschaftlichen Fakultät der Universität ein, so wie sein Vater vor über dreissig Jahren, und begann, sich für den Start-up Bereich zu interessieren, als dies noch kein Begriff war. Auf die Frage, wie er sich das lockere Verhalten seines Vaters erkläre, antwortete Benedikt, dieser habe eben ein Urvertrauen, Sachen so zu nehmen, wie sie kommen. Die Empathie des Vaters trug dazu bei, dass er sein Ziel erreichte.

Er wusste ganz genau, dass ich der gleiche Dickschädel bin wie er. Wer weiss, was aus mir geworden wäre, wenn er versucht hätte, mir in dieser kritischen Phase seine Ideen aufzuzwingen. Im Gegenteil, er respektierte meinen Willen als 16-Jähriger. Das hat für mich mit Anerkennung zu tun:

Anerkennung dafür, dass ich eine eigene Meinung habe, auch wenn er sie nicht teilt. So, jetzt muss ich los. Mein Vater wartet auf mich. Wir sehen uns.

Benedikt stand auf, verabschiedete sich und ging zum Speisesaal. Dem Autor dämmerte es kurze Zeit später – er hatte seinen Namen vor kurzem in der Tagespresse gelesen. Benedikt hatte es weit gebracht. Seine Leidenschaft für seine Arbeit und seine Kompetenz waren unbestritten.

Die oben erwähnten Kommunikationsgrundsätze von Dennis T. Jaffe kann man auch umkehren. So zeigt sich deutlicher, was die ältere Generation eigentlich vermeiden soll. Auf die folgenden möglichen Verhaltensweisen der älteren Generation können die folgenden Fragen helfen, gewisse Stereotypen aufzubrechen:

1 **Die ältere Generation spricht nur über das, was sie gut gemeistert hat.**
Mögliche Fragen der jüngeren an die ältere Generation:
- Gab es kritische Situationen im Zusammenhang mit dem Vermögen?
- Gab es Momente, in denen ihr nicht weiterwusstet?
- Würdet ihr gewisse Dinge heute anders machen?
- Welche Aspekte des Vermögensüberganges an euch fandet ihr nicht gelungen?
- Wolltet ihr schon einmal beruflich etwas anderes machen?
- Was war euer Traumberuf?

2 **Es werden nur Ausbildungen der Nachfolger unterstützt, die für das Familienvermögen oder das Unternehmen sinnvoll erscheinen.**
Mögliche Fragen der jungen an die ältere Generation:
- Wie wichtig ist euch eine Familiennachfolge im Unternehmen, in der Verwaltung des Vermögens und wieso?
- Wisst ihr Bescheid, was ich beruflich werden möchte? Wie schätzt ihr diese Wahl ein?
- Ist es möglich, dass ich mich auch noch später für das Familienvermögen ausbilden lasse?
- Übten eure Eltern Druck aus, damit ihr Verantwortung für das Familienvermögen übernehmt?
- Wie sollte ich mit eurer Erwartungshaltung umgehen?

3 Die Eltern dominieren die intergenerationellen Besprechungen und Familientreffen, welche zudem unregelmässig stattfinden.

Mögliche Fragen:

- Kann die nächste Sitzung bei uns zuhause stattfindet?
- Seid ihr damit einverstanden, dass jedem Familienmitglied in etwa die gleiche Redezeit zur Verfügung steht?
- Was haltet ihr davon, wenn wir diese Besprechungen vierteljährlich abhalten, wir eine Traktandenliste erstellen, ein Protokoll führen und Verantwortungen delegieren?
- Wie seht ihr eine externe Begleitung oder Moderation unserer Familientreffen?

4 Die Eltern versuchen, der nächsten Generation die eigenen Lebensgrundsätze aufzuzwingen.

Mögliche Fragen:

- Welche Lebensgrundsätze sind euch am wichtigsten und wieso?
- Was glaubt ihr, welche davon wir teilen und welche nicht?
- Wie prägend war das Umfeld, in dem ihr aufgewachsen seid, für eure Lebensgrundsätze?
- Welche Emotionen löst es in euch aus, wenn ich zu einem Thema eine andere Meinung habe als ihr?
- Welchen Umgang mit dieser Dissonanz wünscht ihr euch?

5 Die Eltern informieren häppchenweise, individuell und selten vollständig. Die nächste Generation hat einen ungleichen Informationsstand und kann sich kein vollständiges Bild über das Familienvermögen machen.

Mögliche Fragen:

- Können wir uns alle treffen und über unser Familienvermögen sprechen?
  - Ich weiss wenig darüber und habe einige Fragen.
- Ich habe grossen Respekt vor dem, was auf mich zukommt. Dürfte ich mehr darüber wissen?
- Was glaubt ihr, welche Verantwortung ich im Zusammenhang mit dem Vermögen einmal übernehmen sollte?
- Sind alle Geschwister heute auf dem gleichen Wissensstand?
- Werden wir mit dem Familienvermögen überfordert sein, sollte euch etwas zustossen?

Wenn Fehler passieren

In unserem Buch «Von Geld und Werten» haben wir am Beispiel der Unternehmerfamilie von Ralf Baumann* den Umgang mit Fehlentscheiden der nächsten Generation gezeigt. Ralf ist dabei, das Unternehmen von seinem Vater zu übernehmen, und will einen notleidenden kleineren Geschäftszweig der Firma neu aufstellen. Sein Vater glaubt nicht an dessen Rettung, lässt aber seinem Sohn freie Hand. Er weiss, dass die Investitionen, die sein Sohn tätigen will, für die Firma nicht existenzbedrohend sind. Später zeigt sich, dass der Geschäftszweig trotz der Bemühungen seines Sohnes nicht mehr zu retten ist. Die Investitionen werden abgeschrieben.

Nun könnte man reagieren, man habe dies «ja gleich gesagt». Wir wissen alle, wie befriedigend es ist, Recht zu haben und Recht zu behalten. Im familiären Umgang ist es aber kein Gewinn, immer alles besser zu wissen. Dies entmündigt die jüngere Generation und ist der Diskussion auf Augenhöhe nicht förderlich. Die nächste Generation sucht Anerkennung, aber auch Eigenständigkeit. Sie muss sich auch eine selbständige Entscheidungsfreude aneignen. Ihr bei jedem Fehlentscheid vorzuwerfen: «Hättest du doch auf mich gehört», ist dem nicht zuträglich.

Im oben erwähnten Beispiel von Ralf macht ihm der Vater klugerweise keine Vorwürfe. Der Sohn zieht selbst seine Schlüsse. Obwohl es zu einem (überschaubaren) finanziellen Verlust kommt, ist die Situation gleichzeitig ein Gewinn: Ralf reift weiter zum Unternehmer. Sein Vater gab ihm diesen Spielraum, weil er Vertrauen hatte, dass Ralf dazulernen werde, unabhängig vom Ausgang des geplanten Turnarounds.

Nun bedeutet dies jedoch keinen Freipass für die nächste Generation. Man kann nicht waghalsig (zu) viel riskieren und auf unendlich grosse Nachsicht hoffen. Es ist vielmehr eine Einladung zu einem intelligenten Zusammenspiel zwischen den Generationen, gemeinsam tragbare Risiken so zu portionieren, dass die Nachfolger ohne grossen Schaden aus Fehlern lernen können – ohne nachträgliche Vorwürfe.

Verantwortung übernehmen

Die Aussage «Ich trau es euch zu, dass ihr es gut macht» ist Ausdruck davon, die Nachfahren als entscheidungsfähig anzuerkennen. Wer diesen Satz sagt, würdigt damit deren Leistung und Urteilsvermögen. Nur durch Delegation kann Verantwortung wachsen. Anerkennung garantiert zwar noch keinen erfolgreichen Vermögensübergang. Sie kann aber die Basis dafür sein, für Kommendes eine Lösung zu finden – gemeinsam oder individuell. Mit diesem Grundgefühl werden die Nachfahren kaum leichtfertig umgehen. Auf diesem Nährboden kann langfristig die Kompetenz erwachsen, eine vielleicht noch viele Jahre entfernte endgültige Vermögensübergang zu meistern. Eines Tages werden dann vielleicht die eigenen Enkelkinder davon hören, wie ihre Eltern schildern, dass man ihnen schon früh, in weiser Voraussicht, einiges zu- und anvertraute.

Wer will schon seinen Kindern ohne Vorbereitung auf einen Schlag eine riesige Verantwortung aufbürden? Arno Wittwer*, 63-jährig, Unternehmer im Finanzbereich, erwähnte im Buch «Von Geld und Werten», dass sich der Übergang von Vermögen und Verantwortung mit dem Steuern eines «Familienschiffs» vergleichen lässt. Das Schiff ist ununterbrochen auf Kurs. Während der Fahrt werden laufend verschiedene Arbeiten durchgeführt. Idealerweise übernimmt die jüngere Generation diese Erneuerungsaufgaben und die ältere Generation lässt ihr dabei freie Hand – auch wenn sie gewisse Dinge anders machen würde. Die Aufgabe der Älteren ist es, die Jüngeren davon abzuhalten, das Schiff in Untiefen zu steuern.

Von Nachfahren zu Vorfahren

Die übernehmende Generation soll nicht passiv bleiben, sondern sich vielmehr aktiv für einen konstruktiven intergenerationellen Austausch einsetzen. Erfahrungsgemäss ist das nicht immer einfach. Eine gewisse Sturheit ist vielen erfolgreichen Menschen zu eigen. Vielleicht ist man mit Ideen schon öfter abgeblitzt oder man wird, trotz einer glänzenden eigenen Karriere, immer noch nicht wirklich gehört, sobald es um «harte» Themen wie Finanzen und Geschäfte geht. In dem Fall gilt es, sich selber zu ermächtigen und über folgende Fragen zu reflektieren:

- In welchem Bereich des Familienvermögens will ich Wissen aufbauen? Wie möchte ich mich dafür weiterentwickeln?
- Welche Verantwortung möchte ich einmal übernehmen?
- Wo sehe ich Chancen und Opportunitäten für unsere Familie?
- Welche Veränderung innerhalb der Familie möchte ich erwirken oder unterstützen?
- Wünsche ich mir bei wichtigen unternehmerischen und vermögensrelevanten Entscheidungen ein Mitspracherecht? Welche Kompetenzen muss ich mir dazu aneignen?
- Folge ich den Einladungen an die Familiensitzungen und haben sie für mich Priorität?
- Kann ich offen und klar mitteilen, wenn ich nicht mitmachen möchte?

Hat man diese Fragen für sich selbst geklärt, lohnt es sich, seine Ziele mit einer gewissen Bestimmtheit zu verfolgen. Etwas Kampfgeist zu entwickeln, kann dabei nicht schaden und wird wahrscheinlich auch der eigenen familieninternen Position zuträglich sein. Zudem hilft es zu erkennen, dass man nicht die einzige Person ist, die für Anerkennung empfänglich ist. Auch Eltern schätzen ehrlich gemeinte Dankesworte für das, was sie geleistet und aufgebaut haben. Das Privileg, in einer vermögenden Familie aufzuwachsen, mag für einen selbst als pures Glück erscheinen – für die Eltern war es Ziel und Arbeit. Die erfolgreiche Unternehmerin Gisela Lint*, 66-jährig, fasst dies wie folgt zusammen:

> Ich habe im Geschäftsleben viel Anerkennung und Bewunderung erhalten für das, was ich für mein Unternehmen getan habe. Das war angenehm und erfüllte mich mit Stolz. Hingegen konnte ich nicht immer für meine Familie da sein. Das tut mir leid. Meine Tochter, die inzwischen selbst Mutter und Unternehmerin ist, hat mir vor kurzem deswegen die Leviten gelesen. Zum Schluss sagte sie aber noch: «Trotzdem warst du immer da, wenn ich dich am meisten brauchte. Deine unmittelbare und bedingungslose Liebe habe ich immer gespürt, auch als ich erwachsen wurde und dir viel Sorgen bereitet habe.» Ich werde dieses Gespräch mit meiner Tochter nie vergessen.

Ein «Generationenspiel»

Wir wissen aus Erfahrung: Meist ist es die nachfolgende Generation, die den Prozess des intergenerationellen Austauschs anstösst. Dieser hilft ihr dabei, aus dem Schatten der Vorfahren zu treten. Miranda Sand*, 25-jährig, zum Beispiel sagt, dass sie froh gewesen sei, als sie von uns für ein Interview angefragt wurde, weil sie so mit Fragen zu ihrer Herkunft, ihrer Familie, ihrem Vermögen und ihrer Haltung konfrontiert wurde. Sie wollte sich aktiver mit diesen Themen beschäftigen und wurde dadurch motiviert, mit ähnlichen Fragen auf ihre Geschwister und Eltern zuzugehen. Folgend möchten wir ein «Generationenspiel» vorstellen, das auf spielerische Weise den Austausch zwischen den Generationen anregen kann.

Die Familienmitglieder treffen sich an einem neutralen Ort, etwa in den gemeinsamen Ferien oder bei einem der Jüngeren zuhause. Die Position der Eltern im Elternhaus kann einem Gespräch auf Augenhöhe abträglich sein. Es können auch drei Generationen am Generationenspiel teilnehmen, sofern sich die dritte Generation bereits im erwachsenen Alter befindet.

Jede Generation bildet eine Gruppe. Sie versucht, sich vorzustellen, wie es für die andere Generation war aufzuwachsen.

1. Welche wirtschaftlichen und sozialen Strömungen waren in dieser Zeit massgebend?
2. Welche technischen Errungenschaften prägten die Zeit?
3. Wie wurde miteinander kommuniziert?
4. Welche Stimmung herrschte?
5. Wie war die wirtschaftliche Lage und welche Chancen bot sie für den Einzelnen?
6. Welche Werte wurden von der Gesellschaft als allgemein gültig anerkannt?

Nach der Diskussion innerhalb der Gruppen präsentiert jede allen Teilnehmenden ihre Annahmen. Danach äussert sich die angesprochene Generation dazu im Dialog mit der präsentierenden Gruppe. Meistens ergeben sich aus den Schilderungen weitere Fragen und Diskussionen.

Indem man sich in die andere Generation hineinversetzt, befasst man sich mit den für sie prägenden Themen, ihrem Leben und den Herausforderungen, denen sie sich stellen musste. Dabei nimmt man eine beobachtende, keine urteilende Position ein. Die angesprochene Generation wird sehr gespannt auf die Folgerungen sein. Die Gespräche, die sich daraus ergeben, führen dazu, dass man die Haltung, die Handlungen und Meinungen der anderen Generation besser versteht. Die Empathie füreinander und auch das Zusammengehörigkeitsgefühl können wachsen.

Wünscht sich die Familie in diesem Prozess eine neutrale Begleitung und geht es unter anderem darum, die Redezeiten ausgewogen zu gestalten, das gegenseitige Verständnis und Verstehen zu fördern oder heikle Themen zu entschärfen, kann eine externe Person die Moderation des intergenerationellen Austauschs übernehmen. Diese Person sollte von allen teilnehmenden Familienmitgliedern akzeptiert werden.

Eine solche aktive Kommunikation und gegenseitiges Interesse sind eine gute Vorbereitung für die Ausgestaltung des Vermögensübergangs. Idealerweise beginnt sie früh und nicht erst dann, wenn der sich verschlechternde Gesundheitszustand der älteren Generation sie dazu zwingt, sich damit zu befassen. Sie hört auch nicht damit auf, wenn man die Vermögensübergabe juristisch geregelt und die nächste Generation übernommen hat. Davon handelt das nächste Kapitel.

6 DIE ÜBERNAHME ALS NATÜRLICHER ÜBERGANG: WIE MIT DEM «PROBESTERBEN» EIN PLAN FÜR DEN FALL DER FÄLLE ENTSTEHEN KANN

«Das Drehbuch scheitert an der Realität.»

Heidi Tagliavini, ehemalige Schweizer Spitzendiplomatin,
im Interview mit Samuel Tanner (NZZ vom 23. März 2022)

«Dafür habe ich noch lange Zeit»

Das Konfliktpotential eines Vermögens ist dann am grössten, wenn es innerhalb von Familien zu strukturellen Veränderungen kommt, denen eine emotionale Komponente zugrunde liegt. Wenn die erwachsenen Kinder eine dauerhafte Partnerschaft eingehen oder heiraten, die Eltern sich scheiden lassen oder neu heiraten, asymmetrische Erbvorbezüge stattfinden, sich ein Familienmitglied von der Familie distanziert oder ein Elternteil verstirbt, so fordert dies das gewohnte Setting der Familie heraus.

Anhand des folgenden Beispiels aus der Praxis wollen wir darauf eingehen, wie sich die nächste Generation auf die zunehmende Handlungsunfähigkeit und das darauffolgende Ableben eines, in diesem Beispiel, dominanten Elternteils vorbereiten kann. Wichtig erscheint uns der Hinweis, dass in diesem Beispiel noch Zeit blieb, sich vorzubereiten. Das ist nicht immer so.

Das Zitat zum Beginn dieses Kapitels zeigt, dass auch ein scheinbar perfektes Drehbuch an der Realität scheitern kann, vor allem wenn es nur von der älteren Generation geschrieben wurde. Aber oft gibt es nicht einmal ein Drehbuch. Die Arbeit wird den Nachkommen überlassen. Wir empfehlen deshalb, dass die Familie dann vorsorgt, wenn alles noch im «courant normal» verläuft.

Melanie Schaltegger* glaubte, dass es immer so weitergehen würde. Mit viel Engagement, Energie und Esprit feierte sie ihren 80. Geburtstag. Das rauschende Fest vereinte Gäste aus ihrem Privat- und Geschäftsleben. Diese Bereiche zu trennen, fiel ihr ohnehin schwer. Sie konnte mit Stolz auf ihr Lebenswerk zurückblicken. Mit vierzig Jahren, nach einer Scheidung und mit zwei Söhnen im Teenageralter, übernahm sie das marode Textilgeschäft ihrer Vorfahren mit einem überschaubaren Startkapital. Ihre Mission war es, all jenen, die sie davon abhalten wollten, zu zeigen, dass es doch ging. Sie setzte alles auf eine Karte und hatte Erfolg.

Sie war eine geborene Netzwerkerin, beherrschte drei Sprachen fliessend, delegierte geschickt Verantwortung an fähige Mitarbeitende, ohne jemals das Heft aus der Hand zu geben. Sie hatte zudem einen untrüglichen Instinkt, was funktionierte und was nicht. Im richtigen Moment ja oder nein zu sagen, wurde zu ihrem Markenzeichen. Dies trug ihr viel Respekt ein und die Achtung ihrer Geschäftspartner und Mitarbeitenden. Mit zunehmendem wirtschaftlichem Erfolg dehnte sie ihre Aktivitäten auf verwandte Geschäftsfelder aus. Bei den meisten Geschäftsstellen wurde sie von der Mieterin zur Eigentümerin. Der Immobilienboom der vergangenen Jahrzehnte kam ihr dabei gelegen. Sie trennte die Immobilien vom operativen Geschäft und verkaufte die Mehrheit nach 35 Jahren an einen Konkurrenten. Den Verkaufserlös investierte sie in Beteiligungen an anderen Firmen, weitere Renditeliegenschaften, in Land- und Forstwirtschaft und gründete eine Stiftung. Einst Unternehmerin, wurde sie nun Investorin ihres eigenen Vermögens.

Ihre beiden Söhne aber informierte sie immer nur zögerlich über ihre Geschäfte und Finanzen. Für die beiden war es eine Herausforderung, neben ihrer Mutter, die inzwischen eine bekannte Persönlichkeit war, zu bestehen und ihren eigenen Weg zu gehen. Franz*, der ältere Sohn, hatte Interesse, seiner Mutter im Textilgeschäft zu folgen. Er bildete sich weiter und übernahm die Verantwortung für einen Geschäftsbereich im Familienunternehmen. Aber nicht für lange – schon nach zwei Jahren kamen Mutter und Sohn überein, dass dies nicht funktioniere. Ob es an der Eignung des Sohnes oder am Vertrauen der Mutter lag, darüber gibt es geteilte Meinungen. Immerhin lud die Mutter Franz in unregelmässigen Abständen zu Besprechungen mit ihrem Family Office ein. So konnte Franz einen ersten Einblick in das mittlerweile weitverzweigte Vermögen gewinnen. Es blieb aber bei dem fragmentarischen Wissen – immer nur so viel, wie die Mutter gerade zuliess. Viele seiner Fragen blieben unbeantwortet.

Der jüngere Sohn Bertrand* wanderte schon in jungen Jahren nach Kanada aus. Er arbeitete im Technologiebereich, heiratete und gründete eine Familie. Erst nach 25 Jahren kam er wieder in die Schweiz zurück. Auch er wurde nur über das eine oder andere Investment seiner Mutter informiert. Transparente und umfassende Besprechungen fanden nicht statt.

Das Unbehagen auf Seiten der Söhne wuchs. Was würde dereinst auf sie zukommen, wenn ihre Mutter nicht mehr im Vollbesitz ihrer Kräfte wäre oder plötzlich versterben würde? Bertrand regte an, auf den Vorschlag des Family Office einzugehen und sich mit dem Vermögensübergang zu befassen, um besser für den Notfall gewappnet zu sein. Melanie sah das anders: «Ich will euch nicht damit belasten. Zudem geht es mir blendend. Ich habe vor, hundert Jahre alt zu werden. Für die Nachfolge können wir uns also noch Zeit lassen. Ihr habt sowieso andere Interessen.» Melanie war offensichtlich nicht zu einer Diskussion bereit. Bertrand traute sich gerade noch zu sagen, dass er und sein Bruder mit der Vermögenssituation überfordert wären, sollte ihr etwas zustossen. Sie antwortete bloss: «Wir wollen jetzt nicht über den Tod sprechen. Das macht schlechte Laune.» Wie schon so oft in der Vergangenheit unterband die Mutter auch diesmal lächelnd einen sich anbahnenden Konflikt. Franz und Bertrand gaben auf.

Nach ihrem 80. Geburtstag erkrankte die Mutter und musste sich einer schweren Operation unterziehen. Die lange Rekonvaleszenz hinterliess Spuren. Obwohl die Mutter überzeugt war, vollständig zu genesen, wurde das Family Office immer mehr in die Pflicht genommen, anstelle von Melanie das liquide und operative Vermögen zu verantworten. Nach einer zweiten Operation war Melanie zwar noch handlungsfähig, aber in ihrem Aktionsradius und in ihrer Konzentration so stark eingeschränkt, dass sie auf Unterstützung angewiesen war.

Schliesslich beauftragte die Mutter das Family Office, die Söhne mit dem Vermögen vertraut zu machen. Die beiden hatten unterschiedliche Interessen, Ausbildungen und familiäre Situationen. Ihr Verhältnis untereinander war durchzogen, obwohl sie sich zu ihrer Familie und ihrer Bruderschaft bekannten. Sie waren von der Komplexität des Vermögens überwältigt. Es dauerte Monate, bis sie sich eine Übersicht verschaffen konnten. Derweil verschlechterte sich der Gesundheitszustand Melanies.

Das Family Office empfahl, einen Notfallplan aufzustellen. Die wichtigsten Massnahmen vor und nach dem Ableben von Melanie seien festzuhalten. Franz empfand den Vorschlag zunächst als unpassend. Melanie lebte ja noch. Doch dann sah er ein, dass ein solcher Plan notwendig war. Entscheidungen bis zum Todestag aufzuschieben, hätte die Komplexität der Situation noch weiter erhöht. Zudem kam es zwischen ihm und Bertrand zu Differenzen, welche sie noch vor Melanies Tod regeln wollten.

Die ersten Schritte im Notfall

Amy Castoro, Präsidentin und CEO der Williams Group, ein Beratungsunternehmen in San Clemente, Kalifornien (USA), das sich auf den Vermögensübergang spezialisiert hat, postuliert folgende Schritte, um zu vermeiden, dass die Familie aufgrund eines Notfalls oder plötzlichen Versterbens der Eigentümer des Vermögens paralysiert oder handlungsunfähig wird:

- Die Familie diskutiert über die Nachfolgestrategie, den Sinn, Zweck und die Vision, wie das Vermögen in Zukunft eingesetzt wird und das operative Geschäft.
- Die Eigentümer führen eine Liste mit allen Verantwortlichkeiten. Es ist oft überraschend, wie tief und breit die Eigentümer im operativen Geschäft involviert sind.
- Es wird darüber diskutiert, wer von der nächsten Generation das Interesse und den Willen besitzt, im Notfall, oder bereits zuvor, welche Verantwortung zu übernehmen. Dies kann bedeuten, dass man sich dafür notwendiges Wissen zunächst aneignen muss. Sofern niemand aus der Familie Interesse an einem Geschäftsbereich oder an einer Investition hat, kann diese Aufgabe an ein Nichtfamilienmitglied delegiert werden. Es finden regelmässige Besprechungen der Familie statt, um sicherzustellen, dass die vereinbarten Massnahmen umgesetzt und die Verantwortlichkeiten übernommen werden.
- Eine Entscheidungsmatrix wird erstellt: Wer hat was zu sagen und ist für welche Entscheidung zuständig? Bei allen essenziellen Entscheidungen, beispielsweise bei einem Firmenverkauf oder bei Kapitalinvestitionen, die über einen bestimmten Betrag hinausgehen, sollten alle Vertreter der nachfolgenden Generation ein Mitspracherecht haben.

In Bezug auf die «freundliche Heuchelei» sagt Blaine Bartlett, Executive Coach, Management Consultant und Leadership Experte von Williams Group: «Authentizität ist, was übrigbleibt, wenn ich damit aufhöre, deine Wahrnehmung von mir kontrollieren zu wollen.» Viele umgehen herausfordernde Gespräche, weil sie Angst vor Uneinigkeit haben. Sie leben lieber mit falschen Erwartungen als mit dem Risiko, sich lächerlich zu machen. Mit Offenheit, vor allem bei radikalen familiären Veränderungen, kann sich eine Familie neu erfinden und eine gute Balance zwischen individuellen Bedürfnissen und kollektiven Anliegen finden.

Der Notfallplan

Im Folgenden wollen wir den Raster des Notfallplans und die Entscheidungsmatrix vorstellen, die Franz und Bertrand mit dem Family Office erarbeitet hatten.

1 Leitgedanken

- Berücksichtigung der Nachlassdokumente
- Delegation von Aufgaben und Verantwortlichkeiten
- die Übergangsplanung stellt sicher, dass die Familie für die Zukunft vorbereitet ist
- Herstellung von absoluter Transparenz für alle Familienmitglieder
- Schutz der Privatsphäre für die Nachfolger

2 Ziele

- Analyse und Verständnis der langfristigen Ausrichtung und deren Auswirkungen
- Vermeidung von Paralysen
- Vereinheitlichung der Informierung und Kommunikation mit allen Familienmitgliedern
- Unterstützung der Familie in schwierigen emotionalen Situationen
- Identifikation von kritischen Punkten und Risiken
- Reduktion von Stress und möglichen Konflikten

3 Institutionalisierung

- bei Anfragen nach dem Todesfall (Banken, Vermögensverwalter, Stiftungen, Presse etc.) Weiterleitung an eine dritte Person oder Partei zum Schutz der Familie

- Präsenz in sozialen Medien auf ein Minimum reduzieren, dies gilt auch für weitere Familienangehörige und die jüngere Generation

4 **Materielle Konsequenzen**
- beim Tod des Eigentümers kommen folgende Vermögenswerte und Verantwortlichkeiten auf die Nachkommen zu (inkl. Angabe der Werte):
  a) Immobilien
  b) liquides Vermögen
  c) Beteiligungen
  d) Sammlungen
  e) Sachwerte und Gegenstände mit emotionalem Wert
  f) Stiftungen

5 **Wer gehört zur Familie?**
- Definition der Familienmitglieder (Ehepartner, allenfalls Verwandtschaft und enge Freunde)

6 **Wer sind unsere Berater und ihre Stellvertreter?**
- Schlüsselpersonen, Family Office, welche im Notfall mit der nächsten Generation für die Umsetzung verantwortlich sind (auch im Zusammenhang mit Punkt 4)

7 **Wer leitet und lenkt den Vermögensübergang?**
- sofern nicht in einem Testament, durch Vorsorgeauftrag, Willensvollstrecker oder mittels einer Struktur geregelt

8 **Massnahmen vor dem Ableben**
- Besteht ein Testament, eine Patientenverfügung, ein Vorsorgeauftrag?
- Wer sind die Freunde und Bekannten der Familie, die informiert werden sollen (Adressliste)?
- Sind die Bankkonten nach dem Ableben noch zugänglich?
- Gibt es vor dem Ableben noch Ausschüttungen aus dem Vermögen?
- Was soll mit der Wohnliegenschaft der Eigentümerin geschehen?
- Was soll mit den Kunstobjekten und den Wertsachen geschehen?
- Gibt es verschlossene Schrankfächer? Wer hat Zugang? Wo sind die Schlüssel?

- Bestehen Arbeitsverträge mit Hauspersonal, persönlichen Assistenten oder Beraterverträge mit Kündigungsfristen?
- Wer wird für welches Aktivum (siehe auch Punkt 4) Verantwortung übernehmen?
- Was geschieht mit den Aktien des operativen Geschäfts?
- Bestehen absehbare Nachschusspflichten bei Beteiligungen, Private Equity, illiquiden Anlagen?
- Welche administrativen Arbeiten (Steuern, Zahlungen, Post, E-Mail-Verkehr etc.) müssen übernommen werden?
- Wer hat Zugang zur IT, was sind die Passwörter?
- Wie wird ein mögliches Leidzirkular verfasst und in welchen Medien soll es publiziert werden?
- Soll es einen Nachruf in der Presse geben und, wenn ja, wer verfasst ihn und wo wird er publiziert?

9 Massnahmen nach dem Tod

- Übernahme der Verantwortung wie geplant
- Erstellung des Todeszertifikats, Erbschein
- Informierung von Verwandtschaft, Freunden und Familie
- Informierung der Geschäftspartner und des Stiftungsrates
- Verfassen des Leidzirkulars, der Todesanzeige, Presseinformation
- Organisation des Bestattungsdienstes, Organisation der Abdankungsfeier
- Annullierung bestehender Termine
- Erstellen des Nachlassinventars
- Entscheid, wie mit der Wohnliegenschaft weiterverfahren werden soll
- Weiterverwendung der persönlichen Gegenstände
- Annullierung der E-Mail-Adresse und des digitalen Nachlasses (soziale Netzwerke etc.)
- Vorsorgewerke (in der CH: AHV, BVG), Krankenkasse, Versicherungen
- Annullierung der Kreditkarten, Fahrzeugpapiere, des Führerausweises
- Annullierung von Mitgliedschaften, Abonnements, Mitgliedschaften
- Annullierung von Vollmachten, Arztterminen, Therapien, Spitex
- Kündigung von Arbeitsverträgen im Zusammenhang mit der Pflege/Unterstützung

Wenn die Erben selbst einmal vererben

Die meisten der von uns interviewten Personen machten sich zunächst mit dem Familienvermögen vertraut. Gleichwohl es verfrüht sein mochte, waren wir dennoch daran interessiert zu erfahren, wie sie dereinst selbst Vermögen an eine nächste Generation oder Institution weitergeben möchten.

Wie wir feststellten, war bei Personen, die selbst nichts von den Eltern erwarteten oder kein Vermögen übernehmen wollten, das Bedürfnis, den eigenen Kindern etwas zu vermachen, weniger gross. Tim Lauper drückte es so aus:

> Ich glaube nicht, dass meine Kinder einmal etwas erwarten werden. Sie wissen ja nicht, was ich bekommen habe, sollte ich je etwas erhalten. Mir sind die Ausbildung und Selbständigkeit der Kinder wichtiger, als ihnen einmal etwas zukommen zu lassen.

Als Vater möchte Tim vor allem sicherstellen, dass seine Kinder als Erwachsene selbst für sich sorgen können – so wie er es auch getan hat. Ausbildung und Selbständigkeit sind die notwendige Basis dafür. Vermögen von den Eltern zu erben, ist nur eine Beigabe. Tina sieht das ähnlich. Neben einer guten Ausbildung will sie Reisen ermöglichen, damit ihr Sohn die Welt kennenlernen kann. Wenn ihre finanziellen Mittel es ermöglichten, würde sie ihm auch gern ein Haus oder eine Wohnung kaufen.

Claire Manor widerspricht demgegenüber der geläufigen Auffassung, dass man an die nächste Generation weitergeben müsse, was man selber geerbt habe. «Mit Vermögen kann man sehr gut leben. Aber ohne Vermögen lebt man immer noch gut.» Obwohl ihre Grosseltern zu Vermögen gekommen seien, sei Claire früh selbständig geworden. Sie habe nie darauf gewartet, etwas von ihren wohlhabenden Vorfahren zu erhalten.

Judith Locke hat nicht das Gefühl, dass sie etwas hinterlassen müsste. Sie werde keine Kinder haben und sei entsprechend auch nicht verantwortlich für eine familiäre Nachfolge. Sie habe ein Testament verfasst, denn es sei seltsam, wenn ihr Vater und die Geschwister ihrer Mutter (gemäss gesetzlicher Erbfolge ohne Testament) anstelle ihres Lebenspartners ihr Vermögen erben würden. Sie habe auch ihr Patenkind und enge Freundinnen und Freunde bedacht und erwäge eine Stiftung, um das Gemeinwesen an ihrem Vermögen teilhaben zu lassen.

Jorge Hambra, Berater von argentinischen Familienunternehmen, hat erlebt, dass immer auch der Gedanke der Transzendenz der Generationen mitschwinge, wenn die nächste Generation das Familienunternehmen weiterführe. Sich diesem Gedanken verpflichtet zu fühlen, könne die folgende Generation aber auch von ihrem Weg abbringen. Auch für die übergebende Generation könne diese Pflicht mit Sorgen verbunden sei. So will etwa Manuela Marti nicht, dass ihre direkten Nachkommen «diese schwere Last übernehmen müssen». Florian Wanner*, junger Unternehmer in zweiter Generation, antwortete auf unsere Frage kurz und bündig: «Wir sind da, Werte zu schaffen, und nicht, sie zu verkaufen.»

Mit liquidem Vermögen und Bargeld sind wenig Pflichten verbunden. Immerhin hat man hier aber die Wahl, dieses zu bewahren oder auszugeben. Will man heute seine Bedürfnisse befriedigen oder sich Zeit lassen zu überlegen, was man damit Sinnvolles tun könnte? Bei existentiellen Bedürfnissen wie Nahrung und einem Dach über dem Kopf stellen sich noch keine Fragen. Komplizierter wird es bei Dingen, die man nicht unbedingt braucht. Wo zieht man die Grenze zwischen vertretbarem Konsum und Verschwendung, wenn Preisschilder angesichts der eigenen Kaufkraft ihre Bedeutung verlieren? Wie sich die von uns befragten Personen zu diesen Fragen stellen, behandeln wir im nächsten Kapitel.

7 VON SINN UND MORAL: WIE ES IST, WENN MAN NICHTS KAUFEN MUSS

«Man sagt, dass Geld nicht glücklich macht, aber vieles macht mich glücklich, was Geld kostet.»

Tim Lauper*

Erblasser und Erben zwischen Geld und Moral

Der deutsche Philosoph Christian Neuhäuser definiert Reichtum wie folgt: «Menschen sind reich, wenn sie über deutlich mehr Geld verfügen, als sie für ein Leben in Würde benötigen»[7]. Würde ist von Reichtum unabhängig. Seine Aussage kann als Appell gelesen werden, auch im Reichtum Würde zu bewahren.

Jorge Hambra, Unternehmens- und Nachfolgeberater aus Buenos Aires, hat in seiner langen Karriere namhafte vermögende Unternehmerfamilien begleitet und sich intensiv mit der Natur und Funktion von Geld auseinandergesetzt. Geld habe ihm zufolge weder eine Moral noch solle sie eine haben. Es sei dasselbe, wie von der Kernspaltung Moral zu verlangen. Mithilfe der Kernspaltung könne man einen Reaktor betreiben oder sie als Kernwaffe zerstörerisch einsetzen. Die Zweckbestimmung leisteten eher die, die sie nutzten.

Hambra attestiert allen Menschen eine Verpflichtung zum moralischen Handeln – ungeachtet ihres Vermögensstandes. Die Krux liege darin, unserem erfolgreichen sozioökonomischen System, dessen Erfolgsfaktor und Achillesferse zugleich der menschliche Ehrgeiz sei, Nachhaltigkeit zu verleihen. Der Schlüssel liege darin, Ehrgeiz als konstitutiven Aspekt des Menschlichen anzuerkennen. Je grösser ein Familienunternehmen oder -vermögen werde, desto mehr wirtschaftliche Durchsetzungskraft besässen die Eigentümer, sozioökonomisch sowohl Gutes wie auch weniger Gutes zu tun.

Die Schweizer Unternehmerin Manuela Marti sieht die Grundpflicht des moralisch handelnden Vermögenden darin, seine Steuern zu zahlen. Man erhalte schliesslich auch etwas dafür, etwa ein Schulsystem, «das im internationalen Vergleich fantastisch ist und wenig kostet». Wohlhabende, die nach Monaco zögen, um Steuern zu sparen, verstehe sie nicht: «Man sollte sich anständig verhalten», meint sie.

---

7 Neuhäuser, Reichtum als moralisches Problem, 2018, S. 137.

In seiner Masterarbeit mit dem Titel «Ist das Vererben von Vermögen aus moralischer Sicht problematisch?» argumentiert Frank Nyffenegger auf Neuhäuser bezogen: «Moralisch akzeptabel wäre somit ein vererbtes Vermögen dann, wenn die erbende Person ein ganzes Leben lang gut davon leben kann» (Nyffenegger, 2023, S. 19). Weiter führt er aus, dass nicht nur die Erben verantwortungsvoll mit dem Erbe umgehen sollten, sondern dass diese Verantwortung auch bei den Erblassern liege:

> Gerade wenn Erben eine zum Teil sehr grosse Verantwortung nicht übernehmen können oder wollen, hat die Erblasserin die Pflicht, ihren Nachlass entsprechend diesen Umständen nach tugendethischen Aspekten verantwortungsvoll zu organisieren (Nyffenegger, 2023, S. 30).

Nyffenegger weist darauf hin, dass bei liquiden Werten ein Teil des Vermögens zum Beispiel in eine gemeinnützige Stiftung eingebracht werden könne. Bei der Firmenübernahme gehe es auch um die moralische Verantwortung sowohl des Übergebenden wie auch des Übernehmenden gegenüber anderen Interessengruppen wie Mitarbeitenden, Kunden, Aktionären, dem Staat und der Region, in der das Unternehmen tätig und eingebettet ist. Sind es Güter von allgemeinem Interesse, wie zum Beispiel eine bedeutende Kunstsammlung oder eine besondere Liegenschaft, solle sich der Erblasser die Frage stellen, ob deren Nutzung nur den Erben zukomme oder zu Teilen der Allgemeinheit zugänglich gemacht werde.

Ein beeindruckendes Beispiel dafür ist Léonard Gianadda, der sagte, dass er dreissig Jahre seines Lebens mit Geldverdienen verschwendet habe. 1935 als Sohn italienischer Vorfahren in Martigny geboren, studierte er an der École Polytechnique Fédérale de Lausanne (EPFL), gründete in seiner Geburtsstadt ein Ingenieurbüro und wurde ein äusserst erfolgreichen Baumeister. Innerhalb kurzer Zeit verlor er in den frühen 1970er Jahren seinen Vater, seine Mutter und seinen Bruder, was sein weiteres Leben markant beeinflusste. Anstatt sein Vermögen weiter zu mehren, förderte er Kunst und Kultur. Er stoppte ein Bauvorhaben auf einer Parzelle in Martigny, weil die Arbeiter beim Aushub auf die Überreste eines Tempels aus der gallorömischen Zeit stiessen.

Anstatt des geplanten Mietshauses liess er die Fundstätte konservieren. Darauf errichtete er das Museum Fondation Pierre Gianadda zu Ehren seines verstorbenen Bruders. Léonard Gianadda wandelte sich von einem Unternehmer zum Mäzen und Wohltäter. In Martigny schuf er bezahlbaren Wohnraum für einkommensschwache Menschen und spendete Jahr für Jahr hunderttausende Franken für soziale Zwecke in der Region, der er sich verpflichtet fühlte. Er half dabei, Martigny als Ort der Kunst zu etablieren. Aus Verkehrskreuzungen wurden Verkehrskreisel, in deren Mitten Kunstwerke von lokalen Künstlern platziert wurden. Im Dezember 2023 starb Léonard Gianadda, zwölf Jahre nach seiner Ehefrau. Zu diesem Zeitpunkt besass er noch eine Wohnung und zwei Bilder. Einen Teil seines Vermögens vermachte er seinen beiden Söhnen, den Rest der Stiftung Fondation Léonard Gianadda Mécénat.

So hatte Gianadda doch nicht dreissig Jahre seines Lebens mit Geldverdienen verschwendet. Ohne sein Vermögen hätte er weder seine Heimatstadt noch die Kunst in demselben Masse unterstützen können. Nach Schicksalsschlägen hatte er sich auf die für ihn elementaren Dinge des Lebens konzentriert. Sein war ihm wichtiger geworden als Haben. Und von seiner Habe sollten andere profitieren, und zwar an dem Ort, an dem er verwurzelt und sein Vermögen entstanden war – undenkbar, dass solch eine Persönlichkeit in ein Steuerparadies zieht.

Erbe ist nicht gleich Erbe

Eine Unternehmerfamilie muss man kaum davon überzeugen, dass der Einsatz von Kapital und Dividenden zur Weiterentwicklung des Unternehmens sinnvoll ist. Sie erwarten in der Regel dasselbe Verhalten von der nächsten Generation. Geld wird nur entnommen, um sich einen adäquaten, sinnvollen Lebensstil leisten zu können, aber nie zum Schaden des Unternehmens. Gewinn ist das Resultat von erfolgreichem Wirtschaften. Die Umstände können sich jederzeit ändern. Es gilt, wachsam und konkurrenzfähig zu bleiben. Engagierte Unternehmer wägen öfter ab, ob es sich lohnt, etwas zu kaufen, das man nicht unbedingt braucht. Verzicht scheint ihnen ein länger andauerndes Glücksgefühl zu verschaffen als eine Bedürfnisbefriedigung im Hier und Jetzt.

Bargeld zu vererben ist eine überschaubare Transaktion und einfach zu handhaben, möchte man meinen. So wie Manuela erwähnt hat (S. 57), dass sie es ihren Kindern nicht zumuten wolle, das Unternehmen dereinst zu übernehmen, weil dies kompliziert und mit vielen Opfern verbunden sei, scheint es für nicht wenige potenzielle Erblasser einfacher zu sein, Bargeld oder liquide Mittel zu vererben, als ein Unternehmen. Damit können sie sich ein finanziell und auch anderweitig sorgenfreies Leben leisten. Aber auch dies hat seine Tücken. Vererbtes Geld ist zwar bedingungs-, aber auch inhaltslos. Damit ist keine konkrete Aufgabe verbunden – man ist gezwungen, sich eine zu suchen.

Der Bankdirektor Claudio Andina* sagt, nicht ganz uneigennützig, dass er es bedenklich finde, wenn Kunden viel Geld auf dem Konto liegen liessen und nichts damit unternähmen (dazu mehr in Kapitel 8). Einige Erben wollen mit dem ererbten Geld etwas tun, das sie an die Person erinnere, die es ihnen überlassen habe: eine Ferienwohnung in der Region kaufen, in der man als Familie immer die Winterferien verbracht hat, den in die Jahre gekommenen Oldtimer der Mutter restaurieren oder die zur Neige gehende Familienstiftung alimentieren. Geld erhält somit eine Geschichte und verliert seinen «kalten Charakter». So können auch viele der von uns befragten Personen der Idee, einfach den Lebensstil zu steigern und das Erbe zu verkonsumieren, wenig abgewinnen.

Im Durcheinander ohne Kompass

Thomas Reusser, seit vielen Jahren Vermögensberater von Führungspersonen und Unternehmern, bemerkt, dass Vermögen dazu führen könne, die Bodenhaftung zu verlieren. Einerseits werde finanztechnisch optimiert und hart verhandelt, um immer noch mehr aus dem Vermögen herauszuholen. Andererseits werfe man dann in Geschäften mit Geld nur so um sich, um Dinge zu kaufen, die man kaum brauche. Reusser beobachtet, dass solche Menschen den moralischen Kompass und den Sinn für das Wesentliche verlieren würden. Alles drehe sich nur noch um Geld. Das Haben dominiere das Sein.

In diesem Zusammenhang möchten wir nochmals Jorge Hambra zu Wort kommen lassen. Menschen, die zu Geld und Vermögen kämen und ihren persönlichen Wert auf dieses Haben gründeten, seien Sklaven, die vermeintlich Handlungsfreiheit erlangt hätten, aber innerlich angekettet blieben. Der grosse finanzielle Spielraum verschaffe ihnen anfänglich ein Freiheitsgefühl. Führe dies jedoch dazu, dass das ganze Leben durch die finanziellen Privilegien neu aufgemischt wird, verliere man sich selbst. Statt Freiheit und Eigenständigkeit zu bewahren, verhalte man sich immer mehr so, wie es sich für eine Vermögensklasse vermeintlich gehöre, anstatt so, wie man eigentlich wolle.

Dimitri Jost hält nichts von den Champagnerpartys der «Jeunesse dorée» in angesagten Clubs. Er fragt sich, wo Dekadenz beginne und gesunde Selbsteinschätzung ende, wenn äussere Einflüsse dominierten. Dimitri selber gibt kein Geld für Luxusgüter aus. Er wünscht sich auch keine solchen Geschenke von seinem Vater, für den Luxus zum Alltag gehört. Er interessiert sich mehr für das, was ihn begeistert, als für das, was vom Umfeld erwartet wird.

Frank Halter, Nachfolgeexperte und Gründer und Inhaber der Plattform «St. Galler Nachfolge-Praxis» erkennt die Ursache von Konflikten, vor allem zwischen nicht blutsverwandten Familienmitgliedern, in einem Mangel an Anerkennung, Selbstbestimmung und Selbstverantwortung. Vorbildlich sei eine Familiencharta, wenn diese besage, dass jedes Familienmitglied sein Leben ohne Dividenden aus dem Unternehmen und dem Vermögen bestreiten müsse: «Das Leben auf der Rendite des Vermögens aufzubauen, finde ich einen heissen Lauf».

Juan-Ignacio Foster*, wohnhaft in New York, USA, führt mit seinen Geschwistern das Familienvermögen in zweiter Generation. Der Übergang des bedeutenden Vermögens in unterschiedlichen Bereichen hat vor knapp 20 Jahren stattgefunden und wurde von der ersten Generation von langer Hand vorbereitet. Rückblickend erwähnt er vor allem zwei Aspekte, die im erwähnten, erfolgreichen Übergang relevant waren und es immer noch sind:

> Paradoxerweise bedeutet mehr Familienvermögen nicht weniger Streit. Ein wichtiger Wert im Zusammenhang mit Reichtum ist für mich daher, dass er die Familienbeziehungen nicht beeinträchtigt. Dies beinhaltet unter anderem Familienvereinbarungen zu treffen, diese ein- und aufrechtzuerhalten, kontinuierlicher Dialog, eine rigorose und transparente Buchführung und ein verantwortungsvoller Umgang mit dem Vermögen.

Der breite Fächer der Handlungsalternativen

Divia Thani, Global Editorial Director von Conde Nast Traveller, einem Luxus Reise Magazin, ist der Meinung, dass sich an der Spitze der Reichtumspyramide das Verständnis von Luxus gewandelt habe: «Was früher als Luxus galt, kann heute von jedermann in den sozialen Medien betrachtet werden und ist für eine wachsende Schicht von nicht ganz so Reichen, die *aspirational class*, sogar erschwinglich geworden.» Sie denkt dabei vor allem an die Mode. Der Begriff «aspirational class» passt an dieser Stelle jedoch nicht (siehe Glossar). Wir interpretieren Thanis Aussage so, dass sie davon ausgeht, dass diese Menschen Aspirationen haben, in die «höchste Liga» aufzusteigen und sich mit Produkten, die früher einer exklusiven Klientel vorbehalten gewesen waren, zu schmücken, um dazuzugehören.

Luxusprodukte verlieren an Exklusivität. Zwar sind Luxuskonzerne bestrebt, mit Warteschlangen vor der Eingangstüre immer noch Exklusivität zu vermitteln – aber nicht mehr für ihr ursprüngliches Kundensegment, sondern für die Masse, weil sie mehr verkaufen wollen. Es ist auch nicht wahrscheinlich, dass sich die früheren Kunden von Luxusmarken in die Schlange einreihen würden.

Thani erwähnt, dass sich die oberste Vermögensklasse von diesen Produkten abwende und sich «Erfahrungen» und «Momenten» zuwende: «Viele der reichsten Menschen wollen gerade einfache Dinge: klare Luft, die Sterne sehen, Essen vom eigenen landwirtschaftlichen Betrieb, Milch von den eigenen Kühen.» Was Reiche begehrten, seien «Geschichten», nicht blosse Produkte. Der bekannte, exklusive Schweizer Uhrenhersteller Patek Philippe trägt dem seit längerem Rechnung: «You never actually own a Patek Philippe. You merely look after it for the next generation.» Der Slogan stammt aus dem Jahr 1996, als Patek Philippe eine Kampagne mit dem Thema «Generationen» startete. Der banale Akt des Konsums wird emotional aufgeladen: Man beschenkt nicht nur sich, sondern die Tochter, den Enkel, die Urenkelin. Man beginnt eine Dynastie und wird unsterblich.

Ein weiterer Trend unter Vermögenden besteht darin, Land zu kaufen, um es in Naturschutzgebiet umzuwandeln. Ein Beispiel dafür ist Douglas Tompkins (1943–2015), der unter anderem in Argentinien und Chile riesige Ländereien erwarb und sie in Nationalparks umwidmete, um sie in dieser Form für die nächsten Generationen zu bewahren. Tompkins tat sich und der Nachwelt damit ein Gefallen.

Man schreibt der «Generation Z» zu, sie fürchteten sich vor dem finanziellen Abstieg. Vermögen und Besitz können sich reduzieren, Erlebnisse jedoch kann einem niemand wegnehmen (siehe dazu auch das Unterkapitel «Gemeinsame Erlebnisse» in Kapitel 1). In dem Trend zur Schaffung von gemeinsamen Erlebnissen mag deshalb die Unsicherheit mitschwingen, dass niemand weiss, wie man in zwanzig, dreissig Jahren finanziell aufgestellt sein wird. Zudem ist es auch für die ältere Generation erfüllender, Geld für einen gemeinsamen Urlaub und somit für gemeinsame Zeit auszugeben, als den Nachkommen eine teure Uhr oder Schmuck zu schenken.

Tim Lauper, der aus einer mittelständischen Familie stammt, sagt, das Fallschirmspringen bisher das Erfüllteste war, was er mit 150 Franken habe machen können. Für Tis, der Besitz ablehnt, ist es das Schönste, wenn er einem Bedürftigen ein Zugticket kaufen könne, und für Claudio Andina der Handlungsspielraum, der es ihm erlaube, in ein Taxi zu steigen, wenn er keine Lust auf öffentliche Verkehrsmittel habe. Damit sei bei ihm stets die Dankbarkeit verbunden, in diesem Teil der Welt geboren worden zu sein. Claire Manor erwähnt in dem Zusammenhang, dass ihr Bruder zu einem runden Geburtstag Ferien für alle vier Generationen der Familie organisiert und ein grosszügiges Haus an einem schönen Ort gemietet habe. Das verfügbare Geld erlaubte so ein gemeinsames Erlebnis, das in guter Erinnerung bleiben wird.

Ein Erbe anzutreten bedeutet auch, sich damit auseinanderzusetzen, welche Konsequenzen diese Entscheidung für die Nachkommen hat. Was dabei auf sie zukommen kann, davon handelt das nächste Kapitel.

8 INVESTIEREN UND BERATUNG ÜBER GENERATIONEN HINWEG: VON FIRMEN, PRIVATEN INVESTITIONEN UND LIQUIDEN ANLAGEN

«Ein Club an der Uni mit einem Seminar: ‹Wie gehe ich mit Vermögen um?› wäre hilfreich.»

Miranda Sand*

Ganz gleich, wie vermögend man ist, eines Tages wird man unweigerlich mit Vermögensfragen konfrontiert werden. Die Spannbreite der Entscheidungen, die es zu fällen gibt, sowie ihre Tragweite sind enorm. Diese reichen von der Frage, ob das Kind sein Taschengeld gleich ausgibt oder doch besser ins Sparschwein einwirft, bis hin zu komplexeren Finanzgeschäften, die vielfach extern begleitet werden.

Wer ein Vermögen besitzt, mag damit umzugehen wissen. Gemäss Umfrageergebnissen aus den USA sind 70 Prozent der befragten Millionäre der Meinung, dass sie mehr über Anlagethemen wüssten als der Durchschnittsbürger. Ein Vermögen muss tatsächlich bearbeitet werden, soll es Früchte tragen. Die Befragten gaben an, sich mehr als zehn Stunden pro Monat damit auseinanderzusetzen, wie sie ihr Geld anlegen sollen (The Next Millionaire Next Door, S. 209).

Nur eine lästige Pflicht?

Ist das ein Müssen oder ein Wollen? Aus unseren Gesprächen geht hervor, dass das Interesse an Vermögensfragen in der nächsten Generation ungleich ausgeprägt ist. Für manche ist es nicht mehr als ein notwendiges Übel. Stellvertretend für diese Gruppe sagt Tina von Regensburg: «Durch das Family Office habe ich mich mit Anlagen und Investitionen familiarisiert. Meine Faszination ist es aber definitiv nicht.» Vermögen kann also bedeuten, dass man ungewollt eine Pflicht übernehmen muss, die kaum Freude bereitet. Tinas Aussage spiegelt einen allgemeinen Befund, der sich durch die gesamte Gesellschaft zieht: Das Wissen über Finanzen ist in der breiten Bevölkerung nicht besonders ausgeprägt: Von den zwischen 1965 und 1980 geborenen Schweizer Frauen interessieren sich nur 15 Prozent für Finanzen, bei den Männern sind es immerhin 45 Prozent.

Auffällig ist, dass auch in den von uns interviewten vermögenden Familien die nächste Generation nicht systematisch in Vermögensfragen geschult wird. Ob und wie viel man zuhause über Geldanlagen erfährt, scheint Zufall und von den Interessen der Eltern abhängig zu sein. Wie das Eingangszitat vermuten lässt, besteht ein Defizit. Tim Lauper sagt:

> Es ist eigentlich erschreckend, dass in der Schule, dem Gymnasium oder Studium Wissen über Kostenrechnung, Buchhaltung, die Schweizerische Nationalbank und Zinserhöhungen vermittelt wird, aber nicht der Umgang mit Geld, der Vorsorge und wie eine Steuererklärung ausgefüllt wird.

Begleitung in der Nachfolge: Die Kür für Vermögensverwalter

Für die künftigen Erben von Vermögen ist es voraussehbar, dass sie eines Tages dieses Vermögen verwalten werden. Ein Family Office oder Vermögensverwalter können, wie die Aussage von Tina zeigt, die Aufgabe übernehmen, die nächste Generation gezielt zu schulen und an das Thema heranzuführen. Finanzdienstleister sprechen viel und gern über dieses Thema – ähnlich wie der im vorhergehenden Kapitel erwähnte Uhrenhersteller, der damit wirbt, dass man ihre Uhren nur kaufe, um sie an die nächste Generation weiterzugeben. Auch Finanzdienstleister versuchen, das Thema Vermögen emotional aufzuladen, und werben mit Bildern von in Harmonie lebenden Generationen.

Wir teilen die Meinung, dass man sich um diese Familien kümmern sollte. Die Übergabe von Vermögen stellt eine der wert- und nachhaltigsten Bereiche der Finanzindustrie dar. Das Volumen, das jährlich vererbt wird, ist immens. Sorgen bereiten den Finanzdienstleistern aber, dass die Margen für massgeschneiderte Family-Governance-Beratung wesentlich tiefer sind als die für ein Vermögensverwaltungsmandat. Die Umsetzung einer Anlagestrategie mit liquiden und am Markt kotierten Anlagen (Aktien, Obligationen, Geldmarktanlagen) lässt sich standardisieren und ist für einen Finanzdienstleister sehr rentabel. Dagegen lässt sich die Family-Governance-Beratung nicht in eine für alle passende Form giessen.

Oft werden Bank- und Kundenberater vor allem darin geschult, mit rhetorischem Geschick und Empathie Produkte und Dienstleistungen anzupreisen, um im richtigen Moment das Geschäft abzuschliessen. Sie fragen selten danach, welche Bedürfnisse die Kunden, Kundinnen und Nachfahren haben, welche Ziele sie in der Zusammenarbeit mit einer

Bank verfolgen, was sie von dem Beraterteam erwarten oder wie das Vermögen dereinst an die Erben übergehen soll. Mit Absicht sprechen wir hier von Beraterteams. Ein Berater, der ohne Teamansatz versucht, die ältere wie auch die jüngere Generation zu betreuen, ohne selbst für die eigene Nachfolge oder Stellvertretung innerhalb der Bank oder des Vermögensverwalters besorgt zu sein, handelt wenig zukunftsgerichtet. Es besteht die Gefahr, dass sich die nächste Generation eines Tages von ihrem inzwischen älter gewordenen Berater oder ihrer Beraterin nicht mehr gut betreut fühlt. Das Thema Nachfolge geht alle an - nicht nur die Kundenseite. Wir regen an, dass die nachfolgende Generation den langjährigen Berater oder die Beraterin der Eltern fragt, wie es mit der eigenen Nachfolge aussieht – ist vorgesehen, dass ihnen eine gleichaltrige Person zur Seite gestellt wird?

Wir befürchten, dass in der Nachfolgeberatung von Familien oft das passiert, was man im Nachhaltigkeitsbereich «Greenwashing» nennt: In der Werbung wird aufgrund der Aktualität und Emotionalität des Themas Vermögensübergang zwar viel versprochen. In der Realität sind aber weder die Beraterteams adäquat ausgebildet und erfahren, noch sind firmenintern die notwendigen Anreize gesetzt, um Familien in diesem elementar wichtigen Thema langfristig zu begleiten. Ausnahmen bestätigen die Regel.

Über dieses Thema sprachen wir auch mit den von uns interviewten Personen. Florian Wanner, der mit seinen Geschwistern das Unternehmen des Vaters übernommen hatte, äusserte sich dazu folgendermassen:

> Die Berater meines Vaters haben wir ausgewechselt. Uns wurde nie Zeit gegeben, das erforderliche Vertrauen mit ihnen aufzubauen. Auch waren sie viel älter als wir und verstanden unsere Bedürfnisse nicht.

Evelyne Staufer*, 24-jährig und in vierter Generation eines erfolgreichen Industriebetriebs in der Schweiz, widerspricht Florian in diesem Punkt teilweise. Sie gibt zu bedenken, dass die Berater der älteren Generation wertvolle Einsichten liefern könnten und mit der gesamten Familiengeschichte vertraut seien. Dennoch sollten sie ehrlich und authentisch sein und die Klienten nicht von sich abhängig machen.

Frank Halter, Gründer und Inhaber des Beratungsunternehmens St. Galler Nachfolge, die für KMUs Nachfolgelösungen gestaltet, geht in punkto Abhängigkeit noch einen Schritt weiter als Evelyne:

> Im Offering sagen wir, dass wir uns überflüssig machen werden. Wenn der Prozess abgeschlossen ist, sind wir draussen. Die Jungen werden in unsere Beratertätigkeit eingebunden. Sie erhalten Raum, Autonomie, Befähigung und die Tools, um Aufgaben zu übernehmen, damit sie, positiv gesprochen, abheben können. Das Resultat davon ist, dass wir in diesem Prozess immer wieder von ihnen für eine punktuelle Zusammenarbeit angefragt werden. So sollte es in diesem Prozess immer drei Gewinner geben: die Verkäufer (oder sinnbildlich die Person, die das Vermögen übergibt), die Nachfolger und das Unternehmen bzw. Vermögen.

Bei einem Vermögensübergang mit der neuen Kundengeneration weiterzuverfahren wie bisher, mag für das Beraterteam schlüssig und bequem sein. Dies ist aber zu kurz gedacht, weil es sich nicht an den Bedürfnissen der jungen Generation orientiert. Auch der Berater der Eltern von Jasper Cordes sagte einmal: «So haben wir es immer gemacht.» Jasper wurde hellhörig und fragte genauer nach. Die Erklärung des Beraterteams war dürftig und das Vertrauen damit verspielt.

Im Grunde genommen hätten erfahrene, ältere Berater eine gute Ausgangslage für die Zusammenarbeit mit der nächsten Generation, sagt Jorge Hambra. Sie haben sich das Vertrauen und die Anerkennung der älteren Kundschaft erarbeitet – und müssen bei den Jüngeren nicht bei null beginnen. Gelingt es ihnen, eine neutrale Haltung zu bewahren und sich nicht ausschliesslich der älteren, honorarzahlenden Generation verpflichtet zu fühlen, können sie eine Bindegliedfunktion zwischen den Generationen übernehmen.

«Die vergiftete Süssigkeit»: Die Frage des Geschlechts

Laut Noemi Brome sei gerade für Frauen das Thema Geldanlage sehr wichtig, damit sie selbst wichtige Entscheidungen fällen könnten:

> Das Grundwissen über Geldanlagen wird in der Allgemeinschule nicht vermittelt. Frauen sollten sich nicht darauf verlassen, dass sich der Partner schon ums Geld kümmern wird. Je mehr man sich an einen solchen Zustand gewöhnt, desto weniger weiss man – und desto mehr verliert man die Kontrolle.

Geldanlagen und Investitionen sind endlich nicht mehr nur eine Männerdomäne. Das Gleiche gilt für das Unternehmertum. Vermehrt wollen Frauen den Familienbetrieb übernehmen. Das benötigt Durchsetzungsvermögen. Manuela Marti, die in zweiter Generation das Familienunternehmen nach anfänglichen Schwierigkeiten erfolgreich weiterentwickelt hat, schildert, dass ihr Bruder immer gemeint habe, ihr sagen zu müssen, wie das gehe: «Für mich ist es aber wichtig, meinen eigenen Weg zu finden.» Ihr Lebenspartner habe ihr den nötigen Rückhalt gegeben: «Er sagte jeweils: ‹Es ist deine Firma›. Was er damit sagen wollte, habe ich erst vor ein paar Jahren verstanden.» Das Unternehmen zu führen, bereite ihr Freude, auch wenn die Ablösung vom Gründervater sehr schmerzhaft gewesen sei.

Miranda Sand hat mit uns darüber gesprochen, dass es bei einer befreundeten Familie immer noch eine Rolle spiele, ob der Sohn oder die Tochter die Nachfolge antrete:

> Für mich sind solche Aussagen ein Anreiz, unsere Firma als erste Frau zu führen. Das Geschlecht sollte doch keine Rolle spielen! Dahin müssen wir kommen. Es fängt aber schon damit an, wie man aufwächst, ob einem Verantwortung übergeben wird und man es sich zutraut, sie zu übernehmen. Das zieht sich durchs ganze Leben.

Frauen müssen immer noch gegen familiäre Gepflogenheiten ankämpfen, dass sie angeblich nichts vom Geschäft verstehen müssten. Jorge Hambra erinnert sich daran, wie er sich oftmals habe zwingen müssen, das stets unangenehme Gespräch darüber anzuregen, wann der Vermögenseigentümer seine Töchter und seine Frau endlich über die Zusammensetzung des Familienvermögens informieren werde. Er nennt das – nicht selbstverschuldete – Sonderrecht von Frauen, sich nicht mit Finanzfragen befassen zu müssen, eine «vergiftete Süssigkeit». Im Dialog mit dem Eigentümer entwickelt er das Drehbuch des Theaterstücks mit dem Titel «Probesterben», ein Szenario, dem seine Töchter und seine Frau ausgesetzt wären, wenn er plötzlich nicht mehr handlungsfähig wäre (siehe dazu auch Kapitel 6). Dies münde vielfach in die Erkenntnis, dass die Erbinnen nicht nur den emotionalen Verlust verarbeiten, sondern auch gewichtige Entscheidungen fällen müssten in Bezug auf Themen, die ihnen fremd seien und in denen ihnen jegliches Grundwissen fehle. Sie würden sich auf Berater verlassen müssen, «die schon wissen, was zu tun ist». Dem künftigen Erblasser werde so bewusst, dass dieses Abhängigkeitsverhältnis problematisch ist. Die Lücke, die er hinterlässt, hat er durch seine mangelnde Transparenz den Frauen gegenüber vergrössert. Ist es wirklich seine Absicht, nach dem Motto zu gehen: «Après moi, le déluge»?

Wissen und ein geschulter Geist geben den Erben die Fähigkeit, am Tage X das umzusetzen, was vereinbart wurde. Die Übung «Probesterben» sollte deshalb von allen Familienmitgliedern ungeachtet des Geschlechts durchgespielt werden, damit das Vermögen nicht zur untragbaren Last wird, das Schaden bewirkt und Schaden nimmt – und sei es «nur» die Uhr, die vom Vater an den Sohn übergeht, für die sich die Tochter aber auch interessiert hätte: «Sprecht darüber, bevor es zu spät ist!» Wie immer die Strukturen und die Vermögensverhältnisse gelagert sind, es mag sinnvoll sein, externe Hilfe zu suchen.

Ein uns bekannter Anwalt erzählte uns von einem älteren Ehepaar mit traditioneller, klarer Rollenverteilung: Der Mann kümmerte sich um alles, was mit Geld zu tun hatte, inklusive Steuererklärung. Seine Frau war in keiner Weise daran beteiligt, wie er das Geld anlegte. Mehr noch, sie wusste nicht, wie viel Vermögen überhaupt vorhanden war. Als er starb, wurde die Witwe erstmals mit der Grösse und der damit verbundenen Verantwortung konfrontiert und war überfordert. Über mehrere Jahre war sie nicht in der Lage, Entscheidungen hinsichtlich des Vermögens zu treffen. Zusätzlich zu ihrer Trauer waren die Folgekosten hoch (Zins- und Anlageverluste, Klumpenrisiken, steuerliche Ineffizienzen, mangelnde Kommunikation mit der nächsten Generation, hohe Beraterhonorare usw.).

Mangelndes Interesse kostet Geld

Die Angst, etwas falsch zu machen, kann eine Person im Extremfall lähmen. Ganz allgemein führt Angst zu Fehlentscheidungen, die über längere Zeit deutliche Spuren hinterlassen können. Ein gesundes Selbstvertrauen ist für den Erfolg bei der Geldanlage unerlässlich.

So ist es beispielsweise allgemein anerkannt, dass sich ein diversifiziertes Aktienportfolio auf Dauer besser rentiert als ein Sparbuch. Gleichwohl entschied sich eine uns bekannte eine Ärztin, ihr gesamtes Vermögen von mehr als 1 Million Franken auf ihrem Bankkonto zu belassen. «Von der Wirtschaft verstehe ich nichts und Aktien sind mir zu riskant», sagte sie, um diese Entscheidung zu rechtfertigen. Obwohl sie intelligent und gebildet ist und täglich Entscheidungen über Leben und Tod fällt, traute sie sich nicht zu, ihr Geld zu ihrem Vorteil arbeiten zu lassen. Es ist ein Beispiel von vielen. Der Aktienanteil am Privatvermögen liegt in der Schweiz und in Deutschland nur knapp über 10 Prozent. In den USA erreicht er fast 40 Prozent.[8]

Die Beschäftigung damit, wie man Geld gewinnbringend verwaltet, ist eine Aufgabe, die zwangsläufig mit Reichtum einhergeht und mit seiner Grösse wächst. Und mit der Vermögensgrösse wachsen auch die entgangenen Gewinne bei einer ausgeprägten Risikoaversion. Das heisst wiederum nicht, dass man zwingend selber zum Anlageexperten werden muss. Davon gibt es genug, die man bei Bedarf konsultieren kann. Dennoch: «Man muss keine Finanzbildung haben, aber es hilft, wenn man sich dafür interessiert. Wenn man dies nicht tut, riskiert man, über den Tisch gezogen zu werden», ist Claire Manor überzeugt.

Kapital und Kapitalismus um jeden Preis?

Wer vermögend aufwächst, sollte deshalb zumindest ein Gespür dafür entwickeln, wie wichtig Finanzfragen sind – sowohl im Grossen als auch im Kleinen. Wer Reichtum von der älteren Generation übernimmt, schliesst einen – meist unausgesprochenen, aber deswegen nicht weniger verpflichtenden – Pakt. So sah es zumindest die ältere Generation: Man hat Sorge zu tragen und das Vermögen zu bewahren.

8 «Die verbreitete Börsenphobie kostet uns viel Wohlstand», NZZ.

Der Vermögensstand beim Übergang wird gleichsam zum Ankerpunkt, an dem der Erfolg des eigenen Lebens zum Zeitpunkt des Ablebens gemessen wird. Mindert sich das Kapital aufgrund von risikoreichen Transaktionen, kann das Spuren hinterlassen. Unweigerlich schlüpft man in die Rolle des Verwalters, eines «Stewards», und der Vermögenserhalt wird zur Richtschnur. Dieses Denken wird von Banken, die ihre Kompetenz bei der «asset protection» herausstreichen, hinreichend befördert. Ohne ihnen Absicht unterstellen zu wollen, ist diese Maxime nicht selbstlos. Höhere Vermögen bedeuten für Banken und Vermögensverwalter meist auch höhere Gebühren, weil sich das Honorar an der Höhe des Kundenvermögens misst.

«Älteren vermittelt das Haben ein gutes Gefühl und Sicherheit auch in schwierigen Zeiten», meint Frank Halter. Jüngere begriffen Geld eher als Arbeitsinstrument, das sinnvoll eingesetzt werden muss. Man kann, wie wir finden, die Rolle des Stewards, die man durch den Vermögensübergang übernimmt, durchaus auch anders denken. Die nächste Generation erkennt darin einen Gestaltungsspielraum, mehr als «nur» das Haus in Ordnung zu halten.

Als einfaches und anschauliches Beispiel soll ein Portfolio von Wohnimmobilien dienen, das Jasper Cordes, Vertreter der dritten Generation, seit kurzem für die Familie verwaltet. Immobilien sind üblicherweise ein fester Bestandteil von Familienvermögen. Sie werden geschätzt, weil sie bislang eine sichere Anlage waren und stabile Renditen abwarfen. Nun sind Wohnhäuser aber auch Lebensraum für andere Menschen und ausserdem für mehr als die Hälfte des weltweiten Stromverbrauchs verantwortlich. Entscheidungen der Eigentümer, ob und wie Liegenschaften neu gebaut oder renoviert werden, ob sie die Renditen durch möglichst hohe Mieten optimieren wollen oder vielleicht weitere Ziele verfolgen, haben Konsequenzen, die über das Finanzielle hinausgehen. Jasper Cordes beschäftigt insbesondere die Frage der Verantwortung: «Wie kann ich das, was ist und was ich übernehme, im Sinne meiner Familie weiterführen und gleichzeitig Mehrwert schaffen?» Aus seiner Sichtweise soll ein Teil der Immobilien auch Raum für neue Projekte bieten, bei denen die Rendite eben nicht im Vordergrund steht: «Ich möchte etwas anschieben, was der Gemeinschaft dient», sagt er. Wir trauen es ihm zu.

Fragen nach der Balance zwischen Erhalt und Erneuerung, Gewinnmaximierung und sozialem Gewissen werden selbst innerhalb einer Familie mitunter ganz unterschiedlich beantwortet. Ein aktuelles Beispiel liefern die neun «Sugus-Häuser» neben dem Zürcher Hauptbahnhof, die Ende der 1990er Jahre der Bauunternehmer Leopold Bachmann errichten liess. Bachmann wollte bezahlbaren Wohnraum für Geringverdienende, Familien mit Kindern und Migranten in der Stadt schaffen. An diesem Ideal hielt er fest, auch zu Lasten der Rendite und auch, nachdem die Marktmieten in der Umgebung stark angestiegen waren. Nach Bachmanns Tod erbten im Jahr 2021 seine beiden Söhne und seine Tochter je drei Sugus-Häuser. Die Söhne führten das Werk ihres Vaters weiter. Der Tochter hingegen war die Rendite offensichtlich wichtiger. Sie mandatierte einen neue Immobilienverwalter, der kurz vor Weihnachten 2024 allen Mietern – dies betraf mehr als 200 Menschen, kündigte. Die Häuser sollten totalsaniert und in luxuriöse Businessappartements umgewandelt werden.

Man könnte argumentieren, dass die Tochter schlicht nach ihrer Eigentumsfreiheit handelte. Was soll man sich um die Ideale des Vaters kümmern, wenn man die Mieteinnahmen innert kürzester Zeit verdoppeln und den Marktwert der Immobilien dadurch massiv steigern kann? Ob eine Totalsanierung nötig ist, ist strittig, bei den anderen sechs Häusern, die zur gleichen Zeit gebaut wurden, war sie es jedenfalls nicht. In der öffentlichen Wahrnehmung war das Urteil schnell gefällt. Mehr als 1000 Menschen versammelten sich zu einer Solidaritätskundgebung, innert zwei Wochen kamen für eine Petition, die Mieter besser vor gewinnmaximierenden Kündigungen schützen wollte, 26 000 Unterschriften zusammen. In unzähligen Zeitungsartikeln wurde die Tochter für ihr Verhalten kritisiert, nicht zuletzt weil sie 2017 den zu diesem Zeitpunkt schon urteilsunfähigen Vater zu Spenden für ihre Tierwohlstiftung bewogen hatte (in dem Zusammenhang wurde sie zwar verurteilt, aber zweitinstanzlich freigesprochen). Zu diesem PR-Debakel trug bei, dass ihr Immobilienverwalter wegen Untreue und Urkundenfälschung verhaftet wurde.

Was auch immer die Tochter und Erbin zu ihrem Handeln bewog: Wer Immobilien erbt, ist für die Mieter und ihre Schicksale mitverantwortlich. Das Beispiel zeigt auch, dass man nicht nur soziale Verantwortung trägt, sondern Entscheide auch unter dem Gesichtspunkt des Reputationsrisikos und der allgemeinen Verträglichkeit gefällt werden müssen.

Wie ist das Vermögen organisiert?

Beim Thema Geldanlage kann man sich schnell in Details verlieren. Soll man in diese oder jene Aktie investieren? Heute oder morgen? Zunächst lohnt sich die Überlegung, was man zwingend selbst bestimmen muss und welche Details man an Spezialisten delegieren kann und will. Nicht delegierbar sind die Strukturierung des Vermögens, die Governance und die Gesamtstrategie. Sie bilden den gedanklichen und rechtlichen Überbau:

- Strukturierung: Vermögenswerte werden direkt als Privatperson oder über rechtliche Formen (Familiengesellschaften, Holdings, Investment- und Immobiliengesellschaften oder Spezialfondslösungen) gehalten. Zur Strukturierung zählt auch die Aufteilung des Vermögens in die drei Grundbausteine: 1) Familienunternehmen/unternehmerische Beteiligungen, 2) Immobilien, Kapitalanlagen, Sammlungen und 3) liquides Vermögen.
- Governance: Wer gehört zur Familie, wer hat Zugriff, Einsicht, Mitspracherechte und wer entscheidet? Welche Werte vertritt die Familie? In welchem Rhythmus trifft man sich, um über die Gesamtstrategie und deren Ingredienzen zu sprechen?
- Gesamtstrategie: Welchem übergeordneten Sinn und Zweck soll das Vermögen dienen und welche Rendite- und Risikoziele werden damit verfolgt?

Diese Aspekte sind in der Regel von der älteren Generation vorgespurt und vorgelebt worden. Die Aufgabe der nächsten Generation besteht darin, sie einvernehmlich neu zu klären und zu ordnen. «Das Schiff einfach in die gleiche Richtung weiter zu steuern, ist einfach. Aber ihr dürft und müsst es sogar anders machen als eure Eltern», fordert Frank Halter von den Kindern.

Der Mentalitätswandel beim Generationenübergang kann in der Praxis nachverfolgt werden: In einem Fall lösten Geschwister eine rechtlich komplexe Schachtelstruktur, die vor allem der Steueroptimierung gedient hatte, auf und vereinfachten die Vermögensstruktur. Die einfachere und transparente Struktur hatte zwar eine höhere Steuerlast zur Folge, aber wichtiger war der ethisch-moralische Hintergrund. Die Kinder wollten nicht mehr jeden rechtlich erlaubten Spielraum ausschöpfen, denn dies war mit ihrem Gewissen nicht vereinbar. Geht es sogar um Konstrukte, die nicht der Steuerplanung, sondern der Steuerhinterziehung dienen, an denen sich die Erben abarbeiten müssen, so sollte sich jeder Vermögenseigentümer seiner Verantwortung bewusst sein, sich an die Gesetze zu halten.

Die Gesamtstrategie folgt ebenfalls moralischen Vorstellungen und persönlichen Zielen. Will man ein möglichst sorgenfreies Leben, frei von komplizierten Entscheidungen? Mittels Anlageentscheidungen einen bestimmten Zweck verfolgen? Oder ein Renditeziel mit definiertem Risiko? Oft schärfen sich die Antworten auf diese Fragen erst mit der Zeit, in Gesprächen oder durch neue Einsichten. Sind die Grundlinien aber erst einmal skizziert, ist es einfacher. Alles, was sich daraus ergibt – zuvorderst die Umsetzung der Anlagestrategie –, kann an einen Vermögensverwalter delegiert werden, ausser man findet Gefallen daran, es selbst zu tun.

Welche Investorin bin ich?

Es ist erstaunlich: Für die Übernahme einer Position im Familienunternehmen gelten bestimmte Regeln, die in einer Art Familienverfassung festgehalten und damit sehr konkret sein oder aber durch eine mehr oder minder deutliche Erwartungshaltung oder Ratschläge der älteren Generation transportiert werden können (etwa: «Maschinenbau ist ein solides Studium!»). Sind die finanziellen Mittel aber nicht an ein Unternehmen gebunden, sondern werden eines Tages in der Form von Vermögensanlagen übernommen, ist der Pfad viel weniger vorgespurt. «Investor» ist kein Studienfach, sondern bedeutet Selbststudium: wie eingangs erwähnt oft ohne Priorität und mit vagem Curriculum.

Eine Ausnahme bildet die Familie von Noemi Brome. Ihr Vater hatte sich im Verlauf seiner Karriere vom Unternehmer zum Finanzinvestor entwickelt. Noemi und ihren Bruder stellte er an mit der Aufgabe, das Vermögen zu verwalten – und bezahlte sie für diese Tätigkeit. Die Geschwister arbeiten unabhängig voneinander und unterscheiden sich auch, wie Noemi berichtet, deutlich in ihrer Herangehensweise. (Sie sagt, sie sei der analytische Teil der beiden.) Anlageentscheide fällen sie aber immer gemeinsam. Die Geschwister vereinbarten mit ihrem Vater, in Fünfjahreszeiträumen zu arbeiten und anschliessend ihre Performance bewerten zu lassen: «Wir haben das Vertrauen unseres Vaters erarbeitet, und solange wir gut sind in dem, was wir tun, wird er uns auch nicht ins Geschäft hineinreden. Wir sind Value-Investoren. Wir wollen gut schlafen.» Noemi hatte sich zielgerichtet auf diese Position vorbereitet, Wirtschaft studiert, eine Masterarbeit über Familienfirmen verfasst und war auch in anderen Firmen angestellt.

Dieses Modell familieninterner Vermögensverwaltung als Beruf erlaubt es, an der Aufgabe, die sich sowieso eines Tages stellen wird, schon heute zu wachsen. Dafür braucht es sowohl das Vertrauen der älteren Generation wie auch die Ambition der jüngeren. Bezeichnend ist in diesem Beispiel, dass der Vater als aktiver Investor nicht nur die Kenntnisse besitzt, die Tätigkeit der Kinder zu beurteilen, sondern dass er auch zuversichtlich ist, dass sie es können. Dieses Modell ist eine Ausnahme. Nur wenige Eltern diskutieren Anlageentscheide systematisch mit ihren (erwachsenen) Kindern. Oft fehlt es den Älteren an Vertrauen in die Anlagekompetenz der Jüngeren. Das erschwert es dieser, sich vorzubereiten, Erfahrungen zu sammeln und in die Rolle eines Investors hineinzuwachsen. «Es gibt keinen Crashkurs dafür», sagt Georg Berger. Wie er mit einem verschmitzten Lächeln sagt: «Geld anzulegen ist auch spannend.» Der Bankberater Claudio Andina relativiert demgegenüber: «Das Anlagegeschäft sollten Familien mit limitierten Kenntnissen der Bank überlassen. Dieses Geschäft ist kein Spiel.» Immerhin lebt das Vermögensverwaltungsgeschäft davon, Vermögenden eine Arbeit abzunehmen, die sie nicht interessiert.

Miranda Sand, die nicht Wirtschaft studiert hat, meint, dass sie von wirtschaftlichen Mechanismen und deren gesellschaftlichen Auswirkungen noch zu wenig verstehe. Sie würde gerne mehr darüber lernen, wie die Prozesse konkret funktionieren. Bisher fehlte ihr die Zeit dazu. Die Künstlerin Brenda Schweizer habe zunächst eine Abneigung gespürt gegen alles, was die Bewirtschaftung von Geld anbelangt habe. Mittlerweile sei ihr Interesse zwar etwas gewachsen, sie vermisst beim

Thema Geldanlage aber den unternehmerischen Einfluss. Darauf werden wir in Kapitel 9 näher eingehen.

Lernen beginnt mit Interesse

Anstatt eine selbstverschuldete Unmündigkeit in Finanzfragen hinzunehmen, hat die nächste Generation mehrere Möglichkeiten. Die naheliegendste wäre: den Eltern Fragen stellen und so den ersten Schritt in Richtung Eigenverantwortung gehen. Valentina Pauli etwa schätzt, dass ihr Vater von seinen Erfahrungen und seinem Umgang mit dem Vermögen erzähle. Es sei für sie beruhigend zu wissen, dass sie jederzeit auf ihn zugehen könne. Darüber hinaus lerne sie auch die verantwortlichen Personen kennen, die mit dem Vermögen zu tun haben.

Aber nicht nur von den Eltern kann man lernen. Dies veranschaulicht das Beispiel der Brüder Jan und Marcel Meister, die verschiedene berufliche Wege einschlugen und voneinander profitieren. Jan bescheinigt seinem Bruder, der in der Finanzbranche tätig ist, dieser kenne sich weitaus besser mit Anlagethemen aus. Jan bestätigt, dass ihn seine Ausbildung vor Fehlinvestitionen geschützt habe. Er spekuliere aber auch nicht mit der Hoffnung auf grosse Gewinne, denn Geld sei das Ergebnis harter Arbeit und dafür müsse man Sorge tragen. Die beiden können sich die Verantwortung gut vorstellen, die dereinst auf sie übergeht.

Es schadet auch nicht, mit dem näheren persönlichen Umfeld ins Gespräch zu gehen. Die Studentin Emily Conrad berichtet, einige ihrer Alterskollegen hätten schon selbst in bescheidenem Masse investiert. «Ich frage mich, ob ich das auch tun sollte» – wie so oft ist Eigeninitiative gefragt.

An vermeintlichen Vorbildern mangelt es dank einer neuen Generation von «Finfluencern», die in sozialen Netzwerken Anlagethemen diskutieren, sicherlich nicht. Das Gute daran ist, dass die junge Generation damit sehr niederschwellig und auf unterhaltsame Weise mit Investmentthemen konfrontiert wird. Auch Frauen, die sich mit Anlagethemen explizit an andere Frauen wenden, sind mittlerweile zahlreich. Das Schlechte an diesem neuen, demokratisierten Zugang zu Informationen ist, dass es auch im Finanzbereich an Dummheit, haarsträubendem Unfug und betrügerischen Machenschaften nicht mangelt. Ein Bankier erzählt uns davon, wie eine ältere Dame auf Instagram eine «Investmentopportunität» gefunden habe, die angeblich «garantiert» mindestens 20 Prozent Rendite pro Jahr versprach. «Garantiert» war jedoch dabei nur, dass man mit solchen Dingen rasch lernen wird, warum es heisst: «A fool and his money are soon parted.»

Als vernunftbegabter Mensch sollte man es sich zutrauen, seriöse Stimmen von zweifelhaften zu trennen. Im Zweifel wendet man sich an seine Bank oder sein Family Office. Für jedes Thema gibt es Experten. Letztlich führt aber nichts daran vorbei, dass man sich nur mit einer soliden Grundausbildung in Finanzfragen selbst Orientierung verschaffen kann. Ob das durch Selbststudium, den Besuch von Kursen und Veranstaltungen oder durch eine Kombination davon geschieht, ist weniger relevant als die Einsicht, dass Fleiss dazugehört. Das nimmt einem kein Vermögen ab – im Gegenteil. Jorge Hambra erinnert sich daran, wie er im Büro eines jungen Kunden über eine Zeichnung an dessen Wand gesprochen habe. Diese zeigte einen Bauern mit einem Strick in der Hand, der durch den Ring in der Nase der Kuh führte, die neben dem Bauern stand. Unter der Zeichnung stand: «Wer führt wen?» Als Hambra den Mann nach der Bedeutung dieser Zeichnung fragte, sagte dieser: «Ich bin reich. Und das ist mein Hauptproblem. Das muss ich mir merken.» Möglicherweise scheut sich die ältere Generation davor, es so deutlich auszusprechen: Wer Vermögen erben wird, muss sich aktiv darauf vorbereiten, es verantwortungsvoll einsetzen zu können. Es kann helfen, sich den Einfluss bewusst zu machen, den man durch eigene Investitionsentscheidungen ausüben kann.

Das nächste Kapitel handelt davon, wie man diesen Einfluss den eigenen Werten entsprechend geltend macht.

9 IMPACT-INVESTMENTS

«Guter Reichtum kann Mehrwert für alle schaffen.»

Anna-Sophie Langkammer

Im vorangegangenen Kapitel haben wir uns mit der traditionellen Geldanlage befasst. Dieses Kapitel ist der Philanthropie und den Impact-Investments gewidmet. Wenn man sich mit diesen Themen befasst, wird klar: Es ist widersprüchlich, sich einerseits nur um die Geldvermehrung zu kümmern und andererseits Gutes bewirken zu wollen, indem man Geld weggibt. Kann das Gute, das man beispielsweise wie im oben geschilderten Fall mit einer Tierwohlstiftung bewirkt, aufwiegen, dass man langjährige Mieter aus seinem Immobilienportfolio verjagt, um die Rendite zu steigern?

Das Bedürfnis, diese scheinbar getrennten Welten zu verbinden, beschäftigt viele Vermögende, gerade auch die Jüngeren, denn sie sind sich der Probleme dieser Welt deutlicher bewusst als die Älteren. Sie reisen mehr und sind besser informiert. Globale Herausforderungen wie etwa der Klimawandel sind heute dringlicher als viele Themen, mit denen sich die früheren Generationen auseinandersetzten.

Von der Vermeidung zur positiven Wirkung

Die Sorge um die Umwelt und um soziale Gerechtigkeit scheint bei den jüngeren Generationen heute deutlicher ausgeprägt als der blosse Drang, wirtschaftlich voranzukommen, der vor allem die Nachkriegsgeneration beeinflusst hatte. Die starke Überzeugung der Jüngeren, für bestimmte Werte einstehen zu wollen, ist diesen wichtiger als die Maxime der Gewinnmaximierung. Investitionen, die mit der Absicht getätigt werden, neben der finanziellen Rendite auch eine positive und messbare Wirkung auf die Umwelt und Gesellschaft zu erzielen, werden als Impact-Investments bezeichnet. So lautet jedenfalls die geläufige Definition des Global Impact Investing Network (GIIN), ein Netzwerk institutioneller Anleger. Wir werden später sehen, dass «Impact» noch für mehr stehen kann als eine blosse Anlagestrategie.

Judith Lockes Mutter war es eher unwichtig, wie ihr Vermögensverwalter ihr Geld anlegte. Entscheidender schien ihr, wie sich das künftige Erbe auf die Identität ihrer Tochter auswirken würde. Judith begann schon früh, sich mit ihrem Verhältnis zu Geld auseinanderzusetzen. Als Studentin erhielt sie einen sechsstelligen Betrag von ihrer Mutter und erfuhr dadurch schon früh ein grosses Mass an finanzieller Sicherheit. Als das gesamte Vermögen auf Judith überging, nahm sie strategische Anpassungen vor und verlegte den Fokus auf nachhaltige Anlagen. Sie bestimmte Ausschlusskriterien, teilte ihrem Vermögensverwalter also mit, Investments in bestimmte Bereiche oder Branchen zu vermeiden. Auch heute noch wächst Judith in ihre Rolle als verantwortungsvolle Investorin. Sie sagt, es gebe nach wie vor Anlagen in ihrem Portfolio, die eigentlich nicht mit ihren Grundwerten übereinstimmten und über die sie mit ihren Freundinnen und Freunden nicht spreche, weil diese sie dafür verurteilen könnten. Die Autoren haben in der Zwischenzeit nochmals mit Judith Locke gesprochen und sie wechselt nun zu einer Vermögensverwaltung, die über mehr Expertise in Fragen der Nachhaltigkeit und Ethik verfügt.

Wo beginnen?

Impact-Investments gehen über die Vermeidung von schädlichen Investments hinaus. Ziel ist eine messbare positive Wirkung auf die Umwelt oder das soziale Umfeld. Aber wie findet man solche Investments und wie beurteilt man sie? Dies ist nicht einfach, denn zum einen betreibt die Finanzindustrie oft Greenwashing und zum anderen kann die Vielfalt der Angebote für Nichtexperten geradezu überfordernd sein.

Damit hadert auch die Studentin Miranda Sand. Zwar ist ihr bewusst, dass man mit seinem Vermögen einen positiven Impact erzielen kann, «gerade bei den Themen Nachhaltigkeit und Energie», wie sie sagt. Gleichzeitig wolle sie sich in Wirtschaftsthemen erst noch einlesen. Immerhin hat sie den ersten wichtigen Schritt schon erkannt: «Ich werde in nächster Zeit vermehrt recherchieren.»

Für viele Erbinnen und Erben stellt sich dieselbe Frage: Wo beginnen? Angesichts der Fülle an Fachbegriffen und Informationsangeboten fühlen sie sich verloren und können von ihren Bankberatern selten Hilfe erwarten, weil diese in der Regel angestellt wurden, den KundInnen hauseigene Produkte zu verkaufen, und nicht dafür, deren Horizont zu erweitern. Manchmal wird Impact vom traditionell ausgebildeten Personal sogar aktiv verteufelt. Wenn dann auch noch im eigenen Umfeld niemand darüber spricht, stellt sich die Frage: Was tun?

«Die Reise beginnt damit, sich einzugestehen, dass man verloren ist», sagen Adela Villanueva und Risto Väyrynen von The Impact Office (TIO), einem Bund von Family Offices mit Fokus auf Impact-Investments:

> Vermögensinhaber werden von ihren Beratern schlecht bedient. Es ist skandalös, wie viel da draussen schöngeredet und mit irgendwelchem Marketingblabla geschmückt wird. Es ist Zeit für eine Rebellion dagegen, denn letztlich spielt es eine entscheidende Rolle, wie wir unser Geld anlegen.

Statt Geldanlagen als eine mysteriöse «Blackbox» zu sehen, solle man sie vielmehr als Werkzeugkasten begreifen, um Ziele zu verfolgen, die einem selbst wichtig sind. So könne man sein Engagement etwa für das Klima, Nachhaltigkeit und eine gesunde Ernährung durch gezielte Investments stärken. Gelinge es, auch die Familie und andere Menschen von der Wichtigkeit von Impact-Investments zu überzeugen, so vergrössere sich zusätzlich die Wirkung der eigenen Bemühungen.

Aber gehen wir nochmals einen Schritt zurück. Versuchen wir, Impact als eine Grundeinstellung zu verstehen, mit den diversen Herausforderungen für unsere Umwelt und der herrschenden sozialen Ungerechtigkeit umzugehen. Geld ist nur eines von mehreren Instrumenten, die dem Einzelnen zur Verfügung stehen. Die eigene privilegierte Position, die eigene Reputation, die eigene Zeit, die eigene Stimme sind andere bedeutende Instrumente. Dieser Ansatz wird derzeit in Fachkreisen unter dem Titel «Polycapital» diskutiert. Ein anderer, verwandter, Ansatz, der auf die Veränderung komplexer Systeme mit verschiedenen Mitteln abzielt, heisst «Systemic Investing». Bevor man angesichts der Vielzahl komplexer Probleme und der Unmöglichkeit, diese selbst innerhalb kurzer Zeit zu lösen, in Lähmung verfällt, kann man kleine Schritte machen. Dazu muss man noch nicht einmal ein substantielles Vermögen besitzen.

Das folgende Beispiel soll dies veranschaulichen. Freya Kunz*, die aus einer Unternehmerfamilie stammt, verbrachte einen Teil ihres Berufslebens in einem grossen Konsumgüterkonzern. Eines Tages fiel ihr wie Schuppen von den Augen, wie sie sich in der Monotonie des Berufsalltags verloren hatte: «Ich realisierte, dass ich den ganzen Tag nur damit beschäftigt war, der Konkurrenz ein bisschen Marktanteil abzujagen. Das konnte doch nicht meine Bestimmung sein!» Sie begann, sich für soziales Unternehmertum zu interessieren. Später stieg sie in das Familienunternehmen ein und führte es bis zu der Zertifizierung als «B Corporation», eine Auszeichnung, die die soziale und ökologische Wirkung der Firma umfasst. Damals hatte sie wenig liquides Vermögen – das meiste davon war in der Firma gebunden. Trotzdem besuchte sie regelmässig Veranstaltungen, die Impact oder verwandte Themen zum Gegenstand hatten. «Ich war mehr ein ‹Hangaround› als eine Investorin. Aber ich wurde schon bald zur Predigerin für die Sache, und das bin ich heute noch», sagt sie. Auf unsere Frage, was der allererste Schritt sein könnte für jemanden, der sich überhaupt nicht mit dem Thema auskenne und über kein Netzwerk verfüge, mit dem man sich austauschen könne, antwortet sie:

> Ich habe von jemandem gelesen, der sich für soziales Unternehmertum engagiert hat. Dann habe ich dieser Person einfach mal geschrieben, dass ich mich auch dafür interessiere. Zu meinem grossen Erstaunen hat sie für ein Treffen zugesagt und sich fast drei Stunden Zeit genommen.

Diese Einstellung sei in der Impact-Community weit verbreitet, und es erstaune sie auch heute noch, wie grosszügig viele mit ihrer Zeit seien, um Erfahrungen und Ideen auszutauschen. Letztlich seien alle daran interessiert, anderen zum Erfolg zu verhelfen – anders als in der Geschäftswelt, wo Konkurrenzdenken herrsche. «Impact ist ein Mindset», sagt sie.

Wie sie sprechen viele Akteure von einer «Impact-Reise». Diese Reise beginne mit dem Interesse an einem bestimmten Thema.

> Was ich gelernt habe, ist, dass es sehr viele verschiedene Möglichkeiten gibt, sich zu engagieren. Ich musste auch für mich selber herausfinden, welche davon mir am meisten Spass macht und wie ich am meisten dazulernen kann.

So stellte sie unter anderem fest, dass die Auswahl einzelner Investments für sie zu zeitraubend und komplex war. Stattdessen wählte sie verschiedene kollektive Anlageinstrumente, also Investmentfonds aus. Sie ist überzeugt davon, dass man kein Anlageexperte sein müsse, um geerbtes Geld sinnvoll einzusetzen.

> Aber die «Vogel-Strauss-Methode» hilft auch nicht. Man bleibt Eigentümerin und ist dafür verantwortlich, was mit dem Geld geschieht. Man muss zumindest die Entscheidung fällen, wem man vertrauen will und welche Grundkriterien mich in meinen Anlageentscheidungen leiten.

Exkurs: Die zehn Bausteine für wirkungsvolles Investieren

Das Center for Sustainable Finance and Private Wealth (CSP) in Zürich entwickelte zusammen mit dem Netzwerk The ImPact einen instruktiven Leitfaden für all jene, die sich dem Impact-Investment widmen wollen («Ten Ingredients for Impact Investing», Center for Sustainable Finance and Private Wealth). Es handelt sich bei den zehn Bausteinen um grundlegende Überlegungen, die ein systematisches Vorgehen ermöglichen sollen.

1 Leitgedanken festlegen

Zunächst bemühen sich die Familienmitglieder um einen Konsens in Bezug auf die Motivation für Impact-Investments, die eng mit den gemeinsamen Werten verbunden ist. Die Leitgedanken helfen dabei, später eine Anlagestrategie zu definieren.

2 Einbinden der Familie in eine gemeinsame Vision

Verschiedene Generationen haben unterschiedliche Vorstellungen über die Ziele der Geldanlage und die Aufgabe des Vermögens. Diese schrittweise anzugleichen bzw. sich an den vereinbarten Leitgedanken auszurichten ist jedoch wichtig.

3 Aufbau von Impact-Investment-Kompetenz

Für die eine Familie ist es der Wechsel des Vermögensverwalters, für die andere der regelrechte Aufbau eines eigenen Teams – es geht darum, die passenden Experten zu finden, die sich tatsächlich mit dem Thema auskennen und Unterstützung leisten, ohne es bei blossen Lippenbekenntnissen zu belassen.

4 Überblick über die Familieninvestments gewinnen

Bei komplexen Vermögensverhältnissen lohnt es sich, sich zuerst einen Überblick zu verschaffen, um dann den Impact der Beteiligungen analysieren zu können.

5 Impact in den Investmentrichtlinien festschreiben

Die Investmentrichtlinien (engl. Investment Policy Statements) umfassen die Niederschrift der Anlagephilosophie einer Person oder einer Familie. Sie legen fest, wer, wie, nach welchen Regeln und mit welchen Einschränkungen künftige Anlageentscheide gefällt werden. Es gilt, in diesem Dokument auch den Stellenwert von Impact-Investments festzuhalten und ihre Stossrichtung zu konkretisieren.

6 Impact-Kriterien in den Anlageprozess miteinbeziehen

Die traditionellen Kriterien zur Prüfung von Anlageentscheiden werden erweitert: Zusätzlich werden die soziale und die Umweltdimension von Anlagemöglichkeiten geprüft. Manche berücksichtigen sogar den Erlebniswert: Erschliesst ein Investment eine neue Lernerfahrung?

7 Aufbau eines Impact-Portfolios

Zum langfristigen Aufbau eines Impact-Portfolios gehört, sich Zugang zu verschaffen (was bei Privatmarktanlagen essentiell ist), die Investments zu prüfen, Anlageentscheide gemäss den etablierten Richtlinien zu fällen und die Anlagen zu überwachen.

8 Impact messen

Um zu beurteilen, ob die Investments die gewünschte Wirkung zeigen, sollten regelmässig gewisse Messgrössen verfolgt werden (beispielsweise die Anzahl neu geschaffener Arbeitsplätze durch Portfoliofirmen, Menge des gespeicherten CO_2 oder Ähnliches).

9 Diskurs mit Institutionen
Ein regelmässiger Austausch mit verschiedenen Vermögensverwaltern oder Banken ist für das Ziel zu mehr Impact hilfreich und zwingt die Akteure auch, sich in diese Richtung zu bewegen.

10 Mithelfen beim Aufbau eines Ökosystems
Impact entsteht nicht allein durch Kapital, sondern benötigt auch Wissen und Netzwerke. Indem man sich engagiert, hilft man dabei, zu einem florierenden Impact-Ökosystem beizutragen und Neues zu lernen.

Kehren wir noch einmal zur Prämisse von Impact-Investments zurück. Wir haben es zwischen traditionellem Investieren und Philanthropie positioniert. Impact ist geprägt von einer aktiven Haltung, der Suche nach einer positiven Auswirkung auf die Gesellschaft oder die Ökologie. «Reichsein bedeutet mehr Verantwortung, aber auch mehr Einflusspotential. ‹Guter› Reichtum kann Mehrwert für alle schaffen», sagt Anna-Sophie Langkammer.

Impact ist, wie erwähnt, eine Reise. Den Ausgangspunkt bildet das Interesse an einem bestimmten Thema. Am einfachsten und effektivsten lernt man dazu, wenn man sich mit anderen, die schon erfahrener sind als man selbst, über dieses Thema unterhält. Diese Menschen findet man etwa durch eigene Recherchen, Newsletter, in Netzwerken (siehe Kapitel 11) oder auf Veranstaltungen. Welche Art von Wirkung man erreichen will und welche Geldanlagen man deswegen bevorzugt, kann von einer Person zur anderen verschieden sein. Es kommt auch darauf an, wie aktiv man sein will.

Am einen Ende der Skala steht jemand, der weder Zeit noch Lust hat, sich mit Kapitalanlagen zu beschäftigen. Diese Person vertraut auf einen Bankberater oder ein Family Office, das sich mit Expertise im Impact-Bereich einen Namen erarbeitet hat. So entwickelt sich zumindest ein regelmässiger Dialog. Am anderen Ende der Skala steht die Investorin, die sich kontinuierlich zu Impact-Investments weiterbildet und Anlageentscheide selber fällt. Die Bandbreite dazwischen ist gross. Oft wird mit kleineren Impact-Investments begonnen, um sich in das Thema einzuarbeiten und aus den dort gewonnenen Erfahrungen zu lernen. Wem das alles immer noch zu abstrakt ist, kann sich den Impact von Geldanlagen mit eigenen Augen ansehen, wie das folgende Beispiel zeigt.

Einer der Autoren befasste sich vor Jahren mit Mikrokrediten, also der Vergabe von kleinen Krediten an Menschen in Entwicklungsländern, die keinen Zugang zu Kapital haben. Aus Büchern und Zeitungsartikeln konnte der Autor lernen, wie das Konzept theoretisch funktioniert. Licht ins Dunkel brachte die Unterhaltung mit dem Gründer einer damals noch jungen Schweizer Firma, die in diesem Bereich agierte. Theorie wurde in Praxis umgesetzt: Es folgten erste private Investments über die Onlineplattform Kiva.org. So konnte der Autor sich auch über Kreditnehmerinnen (die Mehrheit der Mikrokredite wird an Frauen ausbezahlt) ein Bild machen. Nebenbei arbeitete er sich umfassend in das Thema ein. Ein erstes Investment in einen Mikrokreditfonds folgte. Das war aber wenig anschaulich und letztlich auch nur eine Sache von Zahlen. Bei einer späteren Reise in ein Entwicklungsland hatte der Autor die Gelegenheit, den Manager einer lokalen Bank, die Mikrokredite vergab, und auch einige Kreditnehmerinnen zu treffen. Diese lebten so abgelegen, dass der Besuch einen ganzen Tag in Anspruch nahm. Eine Frau hatte mit einem winzigen Kredit auf ihrem Feld eine kleine Fischfarm eingerichtet, eine andere einen Webstuhl gekauft. Beide waren durch den Zugang zu Kapital wirtschaftlich wesentlich bessergestellt als zuvor und konnten ihre Familien ernähren. Erst durch diese Begegnung hatte der Autor das Gefühl, die Wirkung einer doch eher abstrakten Finanzanlage endlich begriffen zu haben.

Impact-Investments umfassen eine breite Spanne von Anlageinstrumenten und bedeuten darum vieles. Es bedeutet nicht, dass man um der Wirkung willen auf Rendite verzichtet. Hingegen ist vielen Investments mit positiver Wirkung gemeinsam, dass sie langfristig und illiquid sind. Manche sind mit einem hohen Ausfallrisiko behaftet, vor allem wenn in Firmen investiert wird, die sich im Aufbau befinden. Deswegen gilt hierbei, dass man sich zwar mit Enthusiasmus engagieren soll, aber nicht blindlings. Wenn man anfangs nur einen kleinen Teil des Vermögens auf diese Weise investiert, lernt man, das finanzielle Risiko einzelner Projekte besser fassen zu können und abzuwägen, was einem selbst eine gewisse Wirkung wert ist. Wenn den Vermögenseigentümern die Wirkung über alles geht und sie bereit sind nicht nur keinen Zins dafür zu erhalten, sondern das Kapital dafür herzugeben, sind wir beim Thema Philanthropie angekommen. Damit befassen wir uns im nächsten Kapitel.

Weiterführende Informationen

Die hier aufgeführten Webseiten sind als Inspiration gedacht, um sich eingehender mit dem Thema Impact zu befassen.

Toniic: Toniic.com
The Impact Office: theimpactoffice.com
Nexus: Nexusglobal.org
CSP: Csp.uzh.ch
Sens Suisse: Sens-suisse.ch
Ashoka: Ashoka.org
Impact Hub: Impacthub.net
Impact Loop: Impactloop.com
Katapult Foundation: Katapultfoundation.org
Pym, the conscious investors community: Pym.nu
Impact Europe: Impacteurope.net
Impact Investor: Impact-investor.com

10 WOFÜR MAN SICH ENGAGIEREN KANN

«Philanthropie startet mit dir. Deinen Gefühlen. Deinen Träumen. Deinen Werten. Sie verbindet dich mit einer grösseren Welt. Wer einen guten Zweck abseits seines täglichen Lebens unterstützt, tut nicht nur anderen etwas Gutes, sondern profitiert von der Mitwirkung in der Welt, in der wir leben. Du lernst etwas über andere Länder, Menschen aller Art, bedeutende Anliegen und triffst einen ausserordentlichen Schlag Mensch. Der Akt des Gebens ist ein Geschenk an dich selbst.»

James Wolfensohn in «The Art of Giving»

Philanthropie umfasst definitionsgemäss jede private, freiwillige Handlung für einen gemeinnützigen Zweck. Philanthropie sollte der Erbengeneration am Herzen liegen: Die nächste Generation übernimmt nicht nur die Last, das Vermögen geschickt investieren zu müssen, sondern auch das Privileg, in absoluten Zahlen weitaus mehr für die Allgemeinheit geben zu können als der Durchschnitt. Dieser lag 2017 in Deutschland, wo fast jede zweite erwachsene Person für gemeinnützige Zwecke spendet, bei etwa 300 Euro jährlich. Mittlerweile dürfte der Betrag gestiegen sein, bezifferte doch das Deutsche Zentralinstitut für soziale Fragen das Spendenvolumen im Jahr 2023 auf 12.8 Milliarden Euro. In der Schweiz lag es im selben Jahr laut einer Schätzung der Stiftung Zewo bei 2.2 Milliarden Franken.

Angesichts dieser enormen Summen eröffnet sich für die jüngere Generation Vermögender die Chance, dank ihrer Stellung zu «Philanthropiechampions» zu werden. Sie wird neue Wirkungsfelder definieren und neue Formen der Philanthropie ausprobieren können. Zudem hat sie die Möglichkeit, ihre philanthropische Tätigkeit über das soziale Prestige zu stellen und sich vermehrt mit Gleichgesinnten zu vernetzen. Sie kann, so sei es hoffnungsvoll formuliert, einen Beitrag zur Lösung der grossen Herausforderungen der Menschheit leisten. Hunger, Armut, Zugang zu Bildung, Meinungs- und Informationsfreiheit – an dringlichen Problemen, die einer Lösung harren, mangelt es nicht. Aber wenn man noch nicht weiss, in welchem Feld man sich engagieren will, wie findet man das heraus?

Von kleinen und grossen Gesten

Manchmal reicht es, die Augen zu öffnen und die Initiative zu ergreifen, wie die Geschichte des Starfotografen Hannes Schmid zeigt. Die Geschichte seines Engagements ist ein Beispiel für den Tatendrang und die Wirkung, die Menschen entwickeln, wenn sie Empathie für das Schicksal anderer Menschen zeigen: Wie er an einem öffentlichen Anlass erzählte, zu dem die Globalance Bank eingeladen hatte, hatte er einige Jahre zuvor eine Reise nach Kambodscha unternommen. Dort sah er auf einer Brücke ein junges Mädchen, das dort bettelte. Er gab ihr etwas Geld. Das Gesicht des Mädchens war von Verbrennungen verunstaltet – nicht aufgrund eines Unfalls, vielmehr hatte ihr diese, wie sie Schmid später erzählte, der Vater mit einem Schneidbrenner zugefügt, damit sie beim Betteln mehr Mitleid erregte. Schmid nahm am Schicksal des Mädchens Anteil, verbrachte Zeit in Kambodscha und stellte fest, dass nicht nur Verstümmelungen junger Mädchen, sondern auch Zwangsverheiratungen systematisch stattfanden. Er beschloss, dies zu ändern, und gründete die Stiftung Smiling Gecko. Binnen zehn Jahren entstand aus der blossen Idee heraus ein Gutsbetrieb mit 150 Hektar Fläche, der heute diverse Handwerksbetriebe und Ausbildungsstätten, ein Hotel, eine nach internationalen Standards geführte Schule für hunderte von Kindern und ein Kulturzentrum umfasst.

Nun hat aber nicht jeder die Kraft, die Mittel und den Willen zu solch einem grossen Wurf. Gerade junge Menschen haben oft Wichtigeres zu tun, als eine Stiftung aufzubauen. Der Not anderer Menschen muss man aber auch nicht erst dann Beachtung schenken, wenn man in Pension geht. Sie ist auch nicht nur in weit entfernten Ländern zu finden. Es stellt sich vielmehr die Frage, ob wir sie sehen bzw. sehen wollen.

Spender sind wichtig

Philanthropie sollte für die nächste Generation kein Fremdwort sein, ist sie doch Ausdruck einer «aktiven Bürgergesellschaft, die sich selbst und nicht den Staat als wichtigsten Akteur ihres Gemeinwesens sieht» (Petra Krimphove). Wie kann die nächste Generation Teil dieser aktiven Bürgergesellschaft werden und sich auf ihre Rolle vorbereiten?

Freiwillig bedeutet nicht unwichtig. Spenden für gemeinnützige Zwecke sind ein wesentlicher Eckpfeiler für das Funktionieren unserer Gesellschaft. Sie sind ausserdem Teil der abendländischen Tradition: So geht etwa das Inselspital in der Schweiz auf eine Stiftungsgründung im Jahre 1354 zurück. 1365 gründete Rudolf IV. «der Stifter» die Universität Wien.

Vermögende haben als Spender eine besondere Rolle inne. Sie können es sich leisten, öfter und mehr zu spenden als andere. «Alle Menschen haben die Verantwortung, moralisch zu handeln, aber mit Geld hat man mehr Macht», konstatiert zum Beispiel Judith Locke*, und eben auch, so möchten wir ergänzen, die Macht, Gutes zu tun: Die Liste der grössten Spender wird immer wieder um neue Namen ergänzt. Sie wird allerdings auch noch heute von dem 1904 verstorbenen indischen Industriellen Jamsetji Tata angeführt, der nach heutigem Kaufkraftäquivalent 102 Milliarden US-Dollar gespendet hatte. Der «Weise von Omaha», der Investor Warren Buffet, verpflichtete sich mit dem «Giving Pledge» dazu, 99 Prozent seines Vermögens zu spenden. Zahlreiche andere Menschen folgten seinem Beispiel und wollen zumindest mehr als die Hälfte ihres Vermögens abgeben.

Die Soziologen Rene Bekkers und Pamela Wiebking legen dar, dass Spenden meist als Reaktion auf eine Anfrage erfolgen. Offensichtlich muss der Mensch immer wieder daran erinnert werden, dass es bedenklich ist, «sich nur für das eigene Wohl zu sorgen und immer nur mehr zu wollen», wie es Valentina Pauli ausdrückt. Positiv formuliert es Tis: «Geld weggeben fühlt sich gut an.» Ob man sich mit einer reaktiven Spendentätigkeit zufriedengibt, ist eine Frage des Temperaments. Es ist wohl das altbekannte Problem mit der Eigeninitiative, zu der man eben nicht aufgefordert wird.

Eine neue Tradition des Zurückgebens

Die ältere Generation fühlt sich in der Pflicht, etwas an die Gesellschaft zurückzugeben. Sie gelangt zu der Erkenntnis, dass ihr Erfolg nicht allein Ausdruck persönlichen Fleisses und Talents ist. Die Gesellschaft, in die sie hineingeboren wurde, und deren Errungenschaften begünstigten sie in ihrem Fortkommen. Diese Generation war sich «gewiss, dass die Stärke des Volkes sich misst am Wohl der Schwachen», wie es der Schriftsteller Adolf Muschg in der Präambel der Schweizerischen Bundesverfassung treffend formulierte, oder, wie es Charles Bronfman und Jeffrey Solomon (in ihrem Buch «The Art of Giving») ausdrückten: «Typischerweise war die alte Philanthropie die Erfüllung einer Pflicht: man gab den gleichen Betrag an die gleiche Organisation, Jahr für Jahr, regelmässig, so wie Steuern; denen die Zahlungen glichen.»

Die neue Generation ist in einer anderen, sich schneller drehenden Welt aufgewachsen, die durch die permanente Verfügbarkeit von Informationen und eine deutlich intensivere Vernetzung gekennzeichnet ist. In den drei grossen monotheistischen Religionen Judentum, Christentum, Islam besitzt der Dienst am Mitmenschen einen grossen Stellenwert.

Die neue Generation sieht sich mit einer Vielzahl von Problemen konfrontiert, die einer älteren Generation noch unbekannt waren, von Cybermobbing im Klassenzimmer bis zu den weltweiten Auswirkungen des Klimawandels. Sie ist auch in ihrer Agilität, sich digital zu vernetzen, zu kommunizieren und sich zu organisieren, grundlegend anders ausgestattet. Das muss aber nicht heissen, dass sie die traditionellen Felder der Philanthropie wie etwa Bildung, Gesundheit und Kunst nicht weiterführen wird oder wegen der zunehmend internationalen Vernetzung ihre lokale Gemeinschaft vergisst.

Die Motivation zu geben

Spielt es eine Rolle, warum jemand spendet? Claire Manor ist der Auffassung: «Es gibt kein Richtig oder Falsch. Wenn man sich persönlich engagiert, umso besser.» Trotzdem kann es hilfreich sein, die eigene Motivation zu ergründen. Gibt man aus einer Verpflichtung heraus? Und was erwartet man davon? Ein bestimmtes Resultat oder die Festigung der sozialen Stellung?

Am Anfang dieser Überlegungen steht die Einsicht, dass gewisse Dinge einen Wert haben, unterstützt zu werden. Der Jungunternehmer Daniel Thormann beispielsweise ist beeindruckt von dem Engagement des Milliardärs Hansjörg Wyss für die Biodiversität. Die vom Menschen verursachte Reduktion der Artenvielfalt müsse gestoppt werden: «Ich fände es schade, wenn spätere Generationen in einer Welt aufwachsen, die nicht mehr über dieselbe Biodiversität verfügt», sagt Daniel. Zu dieser Überzeugung gesellt sich, nicht weniger wichtig, ein persönlicher Bezug: Daniel taucht in seiner Freizeit. Und grundsätzlich ist er davon überzeugt, dass Tiere vor dem Aussterben zu schützen ein wichtigeres Ziel sei, als «sich eine Villa hinzustellen». Zurzeit spendet Daniel, wie viele andere, kleinere Beträge in der Vorweihnachtszeit. Später, wenn es seine Mittel zulassen, will er aber nicht nur finanziell mehr erreichen: «Ich möchte etwas tun, das ein stärkeres Engagement voraussetzt, nicht nur Geld spenden. Ich will sehen, was damit geschieht, und mich einsetzen». Zusätzlich zu seinem Engagement für die Weltmeere plant er, sich auch für die Erhaltung der Alpen und den Tierschutz im Allgemeinen einzusetzen. Ein transformativer Einsatz seiner Mittel ist ein Weg zur Bereicherung aller oder, wie Franz Harnoncourt und Georg Starhemberg es in ihrem Werk «Vermögenskultur» (2011) treffend formulieren:

> Im Übrigen bleibt materielles Vermögen, wenn wir es nicht für unser Engagement in Gesellschaft, Wirtschaft, Kultur und Umwelt einsetzen, immer unbelebt, unpersönlich und inhaltsleer. Die Gefahr materiellen Wohlstandes besteht darin, dass wir uns in unserem Leben nur auf das eigene materielle Wohlergehen beziehen und das Potential unseres Menschseins nicht gegen die nüchterne, herzlose und austauschbare Welt des Materiellen einsetzen. Für den Nächsten eingesetzt wird das Materielle ein Mittel zum Zweck und bleibt nicht Selbstzweck.

Philanthropie als Statussymbol?

Spenden kann auch einfach zum guten Ton gehören, wie es Francie Ostrower in ihrem Buch über die Philanthropie in New York der 1980er beschreibt: «Philanthropie definiert, wer zur gesellschaftlichen Elite gehört und wer nicht.» Sie ist eine der vielen Gelegenheiten, bei denen sich die bessere Gesellschaft trifft und von den Newcomern abgrenzt. Grosszügiges Engagement wird von denjenigen, die dazugehören, schlicht erwartet. Geiz in der Form von zu kleinen Spenden wird als Charakterfehler ausgelegt. Man ist philanthropisch tätig, weil man es geniesst, das mit Leuten vom gleichen Kaliber zu tun. Die diskrete Zurschaustellung von Reichtum durch grosszügige Spenden ist ein Mass des wirtschaftlichen Erfolgs.

Philanthropie hat offensichtlich auch eine soziale Komponente. Sie gehört ab einem gewissen Vermögen dazu und erlaubt der nächsten Generation, Kontakte zu knüpfen. Nur sollte man sich dabei nicht allzu viel einbilden, weil einkommensschwache Menschen gemessen an ihren Ressourcen häufig viel mehr für gute Zwecke spenden. Nur werden sie, weil die absoluten Beträge kleiner sind, nicht zu Spendengaladiners eingeladen. Wolfgang Ullrich formuliert es in seinem Buch «Wahre Meisterwerte» wie folgt:

> So entsteht einerseits eine Elite, ja man könnte sogar von einem Moraladel sprechen, andererseits ein Moralproletariat, dessen Angehörige so ehrlich und redlich wie nur möglich sein können, ohne doch jemals die Chance zu haben, als besonders moralisch zu gelten. Für sie ist all das demonstrierte Ethos der Wertelite wie aus einer fremden Welt oder auch weltfremd, jedenfalls empfinden sie es als einen höchst fragwürdigen Kult um unerreichbar ferne Meisterwerte.

Wird man zur Philanthropin erzogen?

Wie stark wir uns daran stören, dass es anderen Menschen schlechter geht als uns, liegt in unserer Biografie. Für den Künstler Hector Coolidge beispielsweise war die eigene Erfahrung prägend, dass ihm Geld eine Ausbildung ermöglicht hatte.

Entscheidend ist, ob und wie stark Philanthropie vorgelebt wird. Dies bestätigt die Psychologin Laure Vanotti: Wenn die Eltern eine gemeinnützige Haltung einnähmen, dann übernähmen die Kinder diese Einstellung. Vanotti erwähnt, dass sie wiederholt Patientinnen und Patienten behandelt habe, die aufgrund des Familienvermögens, das sie nicht selbst geschaffen hatten, Mühe hatten, ihre eigene Identität zu finden. Aber:

> Man ist dem Geld nicht ausgeliefert. Es gibt Wege, das Ohnmachtsgefühl abzubauen, den Reichtum zu nutzen und sich für die Gesellschaft oder Schwächere zu engagieren, wie es eine Patientin von mir tat und weiterhin tut. Sie nutzt diesen Reichtum so, wie sie es für richtig hält.

Sich als Geber zu sehen und zu betätigen ist nicht nur eine Sache der Einstellung. Auch Strukturen werden vererbt. Die Rolle des Philanthropen kann Erben auch in Form einer Familienstiftung zukommen, eventuell wird sie sogar testamentarisch alimentiert. In diesen Fällen stellt sich dann die Frage, ob und inwiefern die Absicht des Stifters eine Neuinterpretation zulässt und wie die neue Generation aus dem Schatten der älteren heraustreten kann. Tatsächlich sind viele Eltern zeitlebens bemüht, ihre Kinder behutsam an das Thema Wohltätigkeit heranzuführen und ihren Verantwortungssinn zu fördern. Sie stellen ihnen eigene Spendenbudgets zur Verfügung und motivieren sie auch, die entsprechenden Organisationen durch persönliches Engagement zu unterstützen. Manche ziehen auch Beraterinnen bei, die auf das Thema Philanthropie spezialisiert sind. Sie können der nächsten Generation als wertvolle Sparringpartner dienen und ihnen helfen, sich in der Vielfalt der Themen zu orientieren.

Trix Erling*, 55-jährig, ist eines von drei Geschwistern einer Familie mit Wurzeln in der Schweiz. Sie und ihre Brüder haben kürzlich von ihrem verstorbenen Vater ein grosses Vermögen geerbt. Bereits ihr Vater hatte sich in seinem letzten Lebensdrittel der Bekämpfung von Armut gewidmet. Für Trix ist es unabdingbar, einen beträchtlichen Teil des vererbten Vermögens gemeinnützig einzusetzen:

> Da ich kurz nach der Volljährigkeit die Schweiz verliess und fast zwanzig Jahre im Ausland wohnte, wusste ich lange nichts von diesen Aktivitäten und von der Grösse des Vermögens meines Vaters. Er war ein sehr erfolgreicher Unternehmer und wollte mit seinem unternehmerischen Geschick Geld so umverteilen, dass es Menschen ohne Zugang zu Kapital befähigt, für ihren eigenen Lebensunterhalt zu sorgen. Es ist wie ein unausgesprochener Auftrag meines Vaters an mich, dasselbe zu tun. Ich werde dieser Aktivität einen guten Teil meiner verfügbaren Zeit zukommen lassen.

Trix erbte also nicht nur die finanziellen Mittel, sondern übernahm auch die Stossrichtung, die sie weiterverfolgen wird.

Grundfragen der Familienphilanthropie

Die versierte Stiftungsrätin und Beraterin Beate Eckhardt erarbeitete in Workshops mit Familien, die sich philanthropisch engagieren wollen, verschiedene Handlungsoptionen. Sie stellt dabei folgende Grundfragen, die das Handeln eingrenzen und leiten sollen:

Motivation
- Was ist die Motivation für philanthropisches Engagement?
- Was oder wer dient als Inspiration? Gibt es Vorbilder?
- Welche Themen liegen einem am Herzen?

Fokus
- Wen oder was möchte man unterstützen?
- Was will man verändern?
- Wie will man helfen?

Organisation und nächste Schritte
- Wie will man sich persönlich engagieren?
- Wie viel Zeit und Geld will man investieren?
- Welche Rolle sieht man für sich selbst und für die Familienmitglieder?

Wer sich mit diesem Thema beschäftigt, wird feststellen, dass diese scheinbar einfachen Grundfragen oft gar nicht so rasch beantwortet werden können. Sie stossen vielmehr einen Lernprozess an. Der folgende Exkurs bietet ein Beispiel dafür, wie eine Familie diese Fragen für sich beantwortet hat.

Exkurs: Das Leitmotiv der Stiftung Schweizer-Werthmüller*

In manchen Familien wird eine Stiftung zum Gefäss der Zusammenarbeit über Generationen hinweg. Der Kreis der Personen, die sich zumindest mit Vorschlägen einbringen können, umfasst teilweise auch Eheleute und Enkel, wie das folgende Beispiel eines Stiftungsleitbildes zeigt. Die Grundzüge der Philanthropie der Familie Schweizer-Werthmüller soll im Folgenden vorgestellt werden.

Rahmen und Werte
1. **Selbstverständnis:** Für die Familie Schweizer-Werthmüller ist die Umsetzung der Philanthropie ein wichtiger Bestandteil der finanziellen Ziele.
2. **Umfang:** Der Ertrag von bis zu 20 Prozent des Vermögens soll gemeinnützig eingesetzt werden.

3 **Dauer:** Es ist der Wunsch der älteren Generation, dass die nachfolgenden Generationen die Philanthropie weiterführen. Den Nachkommen soll ab dem 18. Altersjahr offenstehen, sich schrittweise und mit Unterstützung der Vorfahren in die Philanthropie einzuarbeiten, mitzudiskutieren und mitzugestalten.
4 **Bereiche:** Unterstützt werden die Bereiche Erziehung, soziale Projekte und Umweltschutz (siehe detaillierte Aufstellungen weiter unten).
5 **Rhythmus:** zwei Stiftungsratssitzungen pro Kalenderjahr, jeweils im Frühling und im Herbst, organisiert im Turnus der Generationen

Entscheidungen

1 Philipp und Lisa Schweizer-Werthmüller (erste Generation) entscheiden per Ende Kalenderjahr über den Rahmen der Vergaben für das Folgejahr. Es ist angedacht, dass sich dieser Betrag auf zwischen 150 000–300 000 Schweizer Franken p. a. belaufen wird. Es kann zu Ausnahmen von dieser Regel kommen.
2 An wen und wie viel gespendet wird, entscheidet der Stiftungsrat, der sich aktuell durch die folgenden Mitglieder zusammensetzt:
   - Lisa Schweizer-Werthmüller (Vertreterin der ersten Generation), mit Zeichnungsrecht zu zweien
   - Laurent Schweizer (Vertreter der zweiten Generation), mit Zeichnungsrecht zu zweien
   - Yahel Zanetti (externe Beraterin), mit Zeichnungsrecht zu zweien
3 Die direkten Nachfahren, deren Eheleute und die Enkel ab 18 Jahren erhalten Einblick in die Vermögensverhältnisse, können Projekte einbringen und Vorschläge für Vergabungen machen. Sie dürfen als Beisitzer ohne Stimmrecht an den halbjährlichen Stiftungsratssitzungen teilnehmen. Es können maximal sieben Personen an den Stiftungsratssitzungen teilnehmen («first come first serve»).

Philanthropiegrundsätze

Alle Vergabungen kommen vollumfänglich dem betreffenden Projekt zugute. Von den Teilnehmern wird persönliches und uneigennütziges Engagement erwartet, das bedeutet:
1 Es werden keine Spesen zu Lasten des zur Verfügung stehenden Betrages ausbezahlt. Alle Beteiligten kommen für ihre Aufwendungen selbst auf.

2 Die finanziellen Zuwendungen werden wir neutral, ohne Nennung von Namen aus unserem Kreis durchführen.
3 Die Mittel sollen effektiv eingesetzt werden. Der Stiftungszweck leitet unsere Auswahl. Der Empfänger verfügt über den Willen und die Erfahrung, die Spenden so einzusetzen, wie sie angedacht sind.
4 Überprüfbarkeit: Wir suchen möglichst direkte Zuwendungen und Transparenz in der Verwendung der Mittel. Wir erhalten Einsicht in die Tätigkeit der Organisationen/Individuen und die Jahresberichte. Wir wollen uns auf maximal zehn Projekte pro Jahr konzentrieren (mindestens 10 000 Schweizer Franken pro Projekt und maximal 50 000 Schweizer Franken pro Projekt)
5 Wir wollen dort unterstützen, wo unser Beitrag relevant ist, wo Not besteht und es keine oder zu wenig finanzielle Hilfe gibt. Unsere Vergabungen an die Empfänger sollen über die Laufzeit von mindestens drei Jahren (einmal pro Jahr) ausgerichtet werden, um den Organisationen/Individuen ein Mass an Prognostizierbarkeit zu erlauben.

Zu unterstützende Bereiche (detailliert)

1 Erziehung: Schule, soziale Einrichtungen, Lehrlingsausbildung in Entwicklungsländern, Schulbildung für Flüchtlingskinder, Hilfe für traumatisierte Kinder
2 Soziale Projekte: Armut in der Schweiz, Randständige, Resozialisierung
3 Umweltschutz: Landschaft, Fauna, Schutz natürlicher Ressourcen; Hilfe für nachhaltige Landwirtschaft in Entwicklungsgebieten, z. B. Saatgut, Brunnenbohrung, Bewässerung/Trinkwasser, Aufforstung

Die Zielgruppe kann je nach Erfahrungen und Erkenntnissen angepasst werden.

Dauer der Stiftung

Die Stiftung soll zehn Jahre nach dem Versterben des letzten übriggebliebenen Elternteils (erste Generation) aufgelöst werden. Es steht dann den nachfolgenden Generationen frei, das Stiftungskapital in andere Stiftungen zu übergeben oder eine neue eigene Stiftung ins Leben zu rufen.

Im Nukleus der Familie werden Strukturen, Mittel, Ziele und die Erfahrungen mit der Philanthropie unmittelbar weitergegeben. Lernen kann man aber nicht nur im kleinen Kreis. Das Konzept des «Service

Learning» («Lernen durch Engagement») verankert gesellschaftliches Engagement im Schulunterricht und verknüpft es mit Lerninhalten. Diese in den USA bereits etablierte Methode ist im deutschsprachigen Europa ein noch vergleichsweise junges Feld, wird aber durch engagierte Lehrer und Schulen weiter propagiert. Wer Engagement weder in der Schule noch zuhause gelernt hat, beginnt seine Reise einfach selbständig. Aber wann und wie?

Der richtige Zeitpunkt ist jetzt

Die Einstellung, sich zunächst auf die eigene Karriere und die Familiengründung zu fokussieren und «dann irgendwann», nach der Pensionierung, etwas Gutes zu tun, wird zunehmend in Frage gestellt. Dazu trägt wohl auch die Dringlichkeit der aktuellen Herausforderungen bei: Wer sich für den Klimaschutz einsetzen will, hat kaum Zeit, damit noch dreissig Jahre zuzuwarten. Für die junge Generation stellt sich aber die Frage, wie sie sich engagieren soll, wenn sie noch nicht über das Familienvermögen verfügen kann.

Hier sei noch einmal ein Gedanke aus Kapitel 9 aufgegriffen: Wer Impact-Investor werden will, braucht nicht riesige Summen einzusetzen, sondern kann auch seine Zeit, sein Netzwerk oder seine Reputation zur Verfügung stellen. Kapital ist nur einer von mehreren Instrumenten. Gleiches gilt für die Philanthropie. Und auch hier muss man für sich selber herausfinden, welche Form des Engagements einen sinnstiftenden Bezug zur eigenen Person herstellt.

Die Spannbreite ist auch hier gross: Setzt man sich für global relevante Themen ein oder für ein Quartier in der Heimatstadt? Will man seine Fähigkeit, Projekteingaben zu prüfen, entwickeln oder sucht man den persönlichen Kontakt zu Mitarbeitenden einer NGO? Will man ein bestimmtes Thema in der Öffentlichkeit bekannt machen oder im Familienkreis? Will (und kann) man selbst etwas aufbauen oder einige der 186 000 Stiftungen in Europa (Quelle: Philantropy Association Europe, Philea) und 75 000 grenzüberschreitend tätigen Nichtregierungsorganisationen[9] unterstützen? Oder einige der unzähligen rein national tätigen Organisationen?

9 Schätzung der Universität Oregon.

Auch hier gilt: Wer zum Philanthropen werden will, muss sich mit Philanthropen treffen. Der Austausch mit Gleichgesinnten hilft nicht nur, sich zu orientieren und zu informieren. Manchmal trauen sich Erben nicht, Fragen zu stellen. Sie fühlen sich allein gelassen und wissen nicht, wie sie ihr Erbe sinnvoll einsetzen können. Doch erfahrungsgemäss nehmen sich Menschen, die sich auf diesem Gebiet auskennen, gern Zeit für einen ernstgemeinten Austausch. Ausserdem bieten verschiedene Berater und Organisationen Weiterbildungen an. Die von Felicitas von Peter gegründete NGO Active Philantropy etwa organisiert Onlineworkshops für angehende Philanthropen, die sich für den Klimaschutz engagieren wollen. Den Namen der Organisation sollte man sich zum Vorbild nehmen – anstatt lediglich festzustellen, dass man nicht weiss, was man Sinnvolles tun soll, sollte man sich sagen: «Ich weiss es zwar noch nicht, aber ich tue aktiv etwas dafür, es herauszufinden.»

11 NETZWERKE: DEN DIALOG MIT GLEICHGESTELLTEN SUCHEN

«Geld war das Gefängnis, das mich von so vielen Aspekten des Lebens trennte: den Konsequenzen meiner Handlungen und Einstellungen, der Realitäten der Welt, und der Möglichkeit, mich den anderen 98 Prozent, die sie bevölkern, anzupassen.»

Jessie H. O'Neill in «The Golden Ghetto»

Mehr Geld sei zwangsläufig besser, meint man. Man verbindet damit die Vorstellung, dass es die eigene Existenz auf ein neues Niveau zu heben vermag. Mit Geld ist aber auch eine Gefahr verbunden, die nicht offensichtlich ist: Einsamkeit. Wer ein grosses Vermögen besitzt, ist Teil einer Minderheit und lebt damit automatisch in einer Subkultur. Die Abgrenzung gegenüber anderen erfolgt in manchen Familien willentlich: Man lebt und verkehrt nur an Orten, die ein gewisses Mass an Exklusivität aufweisen und damit den grösseren Teil der nichtvermögenden Bevölkerung ausgrenzen. Von der Exklusivität zur Isolation ist der Weg nicht mehr weit. Die Psychologin Laure Vanotti warnt vor der Isolation, die Reichtum verursachen könne. Manche hätten schon in der Kindheit mit dem Problem zu kämpfen, sich ausgeschlossen zu fühlen, andere trauten sich als Erwachsene nicht, ihre Berufskollegen zu sich (in ihr stattliches Heim) nach Hause einzuladen.

In manchen Ländern müssen sich Vermögende aus Sicherheitsgründen und berechtigter Furcht vor Entführungen tatsächlich regelrecht verschanzen. «Gated-Communitys», also gesicherte Wohnanlagen werden vermehrt auch in Europa gebaut und bewohnt. Andernorts herrschen in den Köpfen vielleicht nur eine diffuse Unsicherheit und die Überzeugung, dass «die da draussen» voller Neid, Missgunst und Hass seien. «Man muss seine Kinder auf das Vermögen vorbereiten. Das ist wichtig, weil es viel Neid und Parasiten gibt», meint Tim Lauper.

Wer zu behütet aufwächst, vielleicht sogar unter der Obhut von Angestellten, und immer wieder hört, dass es zu gefährlich sei, draussen zu spielen, wird es auch später schwierig finden, aus diesem Käfig auszubrechen: «Ich hatte eine Nanny, ein grosses Haus, und ich verstand nicht, warum ich allein war. Andere Leute wohnten in kleineren Häusern und waren glücklicher. Ich wuchs isoliert auf», berichtet uns Hector Coolidge.

Die Einsamkeit, die von Vermögen herrühren kann, wird weiter verstärkt durch das Gefühl, dass man sich über die Probleme, die Geld mit sich bringt, kaum mit jemandem austauschen kann. Wie soll schon jemand, der nicht in derselben Lage ist, dies verstehen? So erstaunt es nicht, dass manch einer von Freunden umgeben ist, die niemals ahnen würden, dass man reich ist, nicht zuletzt weil man tunlichst vermeidet, darüber zu sprechen. Kann man die Scham, reich zu sein, überwinden?

Der Ratschlag «Geniess dein Geld einfach» ist für eine vermögende Person wenig hilfreich, weil er die Vielschichtigkeit des Problems auf eine Banalität reduziert. Eine der Fallen von Reichtum ist es ja eben, dass er uns zu Bedürfnissen hinsteuert, die mit Geld befriedigt werden können. Genauso wenig unterstützend wäre es, jemandem, der an einer Depression erkrankt ist, zu raten: «Kopf hoch!»

Einkommens- und Vermögensverhältnisse sind ein gesellschaftliches Tabu, sie sind Privatsache. Von einem entspannten Umgang mit den Vermögenden kann in vielen Ländern nicht gesprochen werden, zu gross ist die Versuchung der Politik, sie noch ein bisschen mehr zur Kasse zu bitten.

Die «Sippe» finden

Ein möglicher Ausweg aus der Isolation und eine kritische Reflexion der eigenen Situation bietet der Austausch mit anderen Vermögenden. Judith Locke* schildert, dass sie in Diskussionen mit anderen Menschen, die aus vergleichbaren Verhältnissen stammen, bei diesen auf ähnliche Herausforderungen stiess. Dafür sei es aber nötig gewesen, sich selbst als reiche Person zu «outen», was auch etwas Mut erforderte. Sie beschäftigt die Frage, wie ihr Erbe ihr Verhältnis zu anderen Menschen beeinflusst. In der «Bubble», in der sie lebt, haben die meisten nicht oder noch nicht geerbt. Es sei deshalb schwierig, dieses Thema anzusprechen. Für sie und ihr Umfeld sei es relevanter, sich mit den Problemen von weniger privilegierten Menschen auseinanderzusetzen. «Es ist mir deshalb wichtig», so Judith, «dass bei meinen Freundinnen und Freunden nicht der Eindruck entsteht, dass ich wegen meines Vermögens und der damit einhergehenden Herausforderungen zu bemitleiden bin.»

Die Erkenntnis, dass man nicht allein ist, dass auch andere Menschen mit den gleichen Fragen konfrontiert sind und diese vielleicht schon für sich beantwortet haben, kann befreiend wirken. «Endlich habe ich meine Sippe gefunden», sagt ein Mitglied eines Netzwerkes.

Und tatsächlich wird an solchen Treffen unbefangen über Vermögen gesprochen. Der gemeinsame Nenner im Raum ist die Frage, wie ein sinnstiftender Umgang mit Vermögen aussehen könnte. Das Wissen, der soziale Hintergrund, die Entstehungsgeschichte der Vermögen könnten in der grossen Gruppe zwar nicht unterschiedlicher sein – aber die gemeinsame Suche nach Wegen, nicht nur das Vermögen, sondern das eigene Verantwortungsvermögen zu steigern, verbindet. In einer solchen Gruppe entsteht rasch ein gewisses Grundvertrauen, weil es sich um Gleichgestellte handelt. Sie ist ein «Safe Space», in dem man nicht befürchten muss, für das Reichsein angegriffen oder verurteilt zu werden. Jede Person ist neugierig herauszufinden, wie andere mit ihrer Position umgehen.

Manchen Menschen fällt es leicht, neue Kontakte zu knüpfen. Sie sind offen, extravertiert und diskutieren frei darüber, wer sie sind und woher sie kommen. «Dazu brauche ich nicht Mitglied in einem Club zu werden, ich habe an der Business School genügend interessante Leute mit ähnlichen Erfahrungen getroffen», sagt Noemi Brome. Wer in einer Unternehmerfamilie aufwuchs, ist oft zwangsläufig mit Kindern anderer Unternehmerfamilien in Kontakt gekommen, teilweise sogar bekannt. Diese Familien treffen sich auch dank einer etablierten Infrastruktur: Das Family Business Network in Lausanne ist eine Dachorganisation, die Netzwerke aus 65 Ländern umschliesst, dazu kommen unzählige lokale Ableger an Universitäten in aller Welt.

Für Erben von Finanzvermögen ist die Lage unübersichtlich. Gewiss bieten zahlreiche Finanzinstitute Angebote des Austauschs. Diese gilt es im eigenen Interesse zu nutzen. Vielleicht braucht es aber für einen tiefergehenden Austausch zu Fragen, die Erben beschäftigen, mehr als einen solchen Rahmen. Im folgenden Exkurs haben wir einige Organisationen gesammelt.

Exkurs: Netzwerke

Die folgenden Netzwerke bieten Vermögenden die Möglichkeit zum Austausch mit anderen und erlauben es, sich mit dem Thema Vermögen zu beschäftigen.

CSP, Center for Sustainable Finance and Private Wealth, Department of Finance der Universität Zürich (Csp.uzh.ch)

Das CSP ist eine Forschungs- und Ausbildungsstätte, die Kurse für Vermögende anbietet. Das Programm «Impact Investing for the Next Generation» richtet sich an die nächste Generation vermögender Familien. Es bietet einen soliden Einstieg in Impact-Investments. Das CSP wurde 2015 gegründet und hat eine lebendige, internationale Alumni-Organisation.

Dionz (dionz.org)

Dionz ist eine internationale Gemeinschaft, die virtuell über eine Plattform bzw. App vernetzt ist. Sie wurde 2021 in der Schweiz von Elena Zafirova gegründet. Angeboten werden Lernerfahrungen für Mitglieder, die sich vor allem auf Selbstverwirklichung, Technologie und Systemwandel fokussieren.

Pecunia – Das ErbinnenNetzwerk (pecunia-erbinnen.de)

Pecunia ist ein 1999 in Deutschland gegründeter Verein, der sich an Frauen richtet, die geerbt haben. Sie tauschen sich persönlich in Regionalgruppen im ganzen DACH-Raum aus. Ziel ist die gegenseitige Unterstützung in Vermögensfragen.

Toniic (toniic.com)

Toniic ist ein internationales, auf Impact fokussiertes Netzwerk, das 2015 als Zusammenarbeit des World Economic Forum und der Initiative for Responsible Investing der Harvard Kennedy School gegründet wurde. Verschiedene Programme fokussieren auf die Schulung der nächsten Generation von Impact-Investoren und den Erfahrungsaustausch mit älteren, erfahrenen Personen.

YPO/YNO (Ypo.org)

Die Young Presidents Organization (YPO) ist ein globales Netzwerk von Führungskräften. Mit dem Programm YPO Next Gen (YNG) richtet sie sich auch an die erwachsenen Kinder ihrer Mitglieder.

rtrb (resourcetransformation.org)
rtrb ist eine 2020 gegründete Organisation im deutschsprachigen Raum, die sich für die gerechte Verteilung von Landbesitz, Macht und Vermögen einsetzt. Alle Menschen sollen die Möglichkeit haben, an der Gestaltung der Gesellschaft teilzuhaben. Ausschlüsse, basierend auf Klassenzugehörigkeit oder finanzieller Situation, müssen abgeschafft und durch das Recht auf ein gutes Leben für alle ersetzt werden. Dazu gehört auch, dass Menschen, die Zugang zu Vermögen haben, mehr Steuern zahlen. rtrb glaubt, dass niemand frei ist, solange nicht alle Menschen frei sind, ein selbstbestimmtes, würdiges Leben zu führen (zitiert aus der Webseite, 25.4.2025, 03.52h)

Von Geld und Werten (familygovernance.ch)
Über unsere Webseite stehen wir als Autoren für Fragen und weiterführende Diskussionen für Einzelne oder Familien zur Verfügung und vermitteln bei Bedarf Kontakte zu Peers oder Experten.

Viele Lesende mögen sich fragen: Und jetzt? Wie soll ich es angehen? Welche Alternativen habe ich? Was gibt es konkret zu tun? Das letzte Kapitel soll darauf Antworten geben.

12 VERMÖGEN ALS AUFGABE

«Geld kann viel Kraft geben. Es hat für mich keine negative Konnotation mehr.»

Brenda Schweizer*

Erben soll keine passive Tätigkeit sein. Oft wird unter «Erben» ein Prozess verstanden, in dem den Nachfahren erst an der Testamentseröffnung mitgeteilt wird, was sie erwartet. Diese irdisch letzte Ein-Weg-Kommunikation der Erblasser ist selten zielführend, weil man nicht mehr erfahren wird, ob die Erben damit einverstanden sind, sich allenfalls überfordert fühlen oder mit dem ererbten Wert am liebsten nichts zu tun hätten. Auch ungleiche Begünstigungen unter Geschwistern kann zu Missstimmungen ja rechtlichen Auseinandersetzungen führen. Deshalb gilt: darüber sprechen, bevor es zu spät ist. Und weil der Moment des zu-spät-sein im Voraus nicht bekannt ist, sollte man dies lieber zu früh als zu spät angehen. Erben wird so in der Interaktion zwischen der übernehmenden und der übergebenden Generation, zum Gestalten.

Die schlaflosen Nächte

Wir haben unsere Gesprächspartner gefragt, was ihren Eltern wohl schlaflose Nächte im Zusammenhang mit Geld und Vermögen bereite. Die häufigsten Nennungen waren, dass mit der Übergabe von Geld oft auch das Steuer aus der Hand gegeben werde und damit ein Kontrollverlust einhergehe. Die Eltern hätten zudem Angst, das Erschaffene zu verlieren und dass die Nachkommen nicht sorgsam damit umgehen würden. Und, dass um das Vermögen ein familiärer Streit ausbreche und die Familie entzweie. Auf die Gegenfrage, was der jüngeren, übernehmenden Generation schlaflose Nächte bereite, antwortete man uns, dass sie nicht wüssten, was einmal auf sie zukomme. Einmal selbst vermögend zu sein, könne auch die bisherigen sozialen Beziehungen auf die Probe stellen. So wurden etwa Neid, Minderwertigkeitsgefühle, ungleiche finanzielle Reichweiten und Vorurteile genannt. Einige erwähnten, dass sie Respekt davor hätten, dass die Eltern keinen Plan hätten, wie dies dereinst ablaufen sollte und dass sie, die Nachkommen, weder darauf vorbereitet noch dafür ausgebildet wurden.

Dieses Kapitel übernimmt die Funktion eines Kompasses: Wie kann man sich auf das Vermögendsein vorbereiten? Mit anderen Worten ist der Vermögensübergang nicht nur eine Bringschuld der übergebenden, sondern auch eine Holschuld der übernehmenden Generation. Ein Ziel kann darin bestehen, ein verantwortungsvoller Vermögender zu werden, der seine Mittel im besten Sinne für sich selbst, seine Familie und sein Umfeld einsetzt. Dazu braucht es die Einsicht, dass man sich mit dem Familienvermögen befassen muss. Dieser Prozess ist mit Arbeit verbunden: Arbeit im Austausch mit sich selbst und seiner Familie.

Idealerweise gewinnt man bei einem solchen Prozess mehr Klarheit über das Familienvermögen und kann sich besser vorstellen, was einen erwartet. Transparenz, Austausch und Wissen nähren die Zuversicht, dass der Vermögensübergang, wann immer er auch stattfindet, gelingen wird, anstatt vom Gefühl der Verantwortung oder Überforderung überrascht oder erdrückt zu werden. Um es in den Worten von Anna-Sophie Langkammer, Leiterin des Family Office von Winheller in Frankfurt am Main, einem Beratungsunternehmen, das sich auf Steuern und Recht spezialisiert hat, auszudrücken: «Wie schaffe ich den Weg in die Potentialentfaltung, wenn ich doch dem Vermögen verpflichtet bin?»

Die eigenen Handlungsoptionen sollen ausgelotet und im Austausch mit anderen in ähnlichen Situationen erweitert werden. Es geht dabei nicht darum, möglichst rasch nach der Verfügungsmacht über das Vermögen zu streben, sondern Erfahrungen zu sammeln, Ausbildungen zu absolvieren und mit den Familienmitgliedern zu koordinieren, wie ein solcher Prozess ablaufen sollte. Ist das Vermögen übergegangen, soll man es sich zu eigen machen und in Bahnen lenken, die in Übereinstimmung mit den eigenen und familiären Werten stehen. Geld ist ein Instrument, das man führt, ohne selbst vom Geld verführt zu werden. Dadurch wird es zum geschätzten Privileg, das Möglichkeiten und Genuss verschafft und mit dem man auch Wirkung erzielen kann.

Bescheid wissen

Zu Beginn mag eine Bestandesaufnahme zur aktuellen familiären Vermögenssituation hilfreich sein. Die Fragen können mit ja oder nein beantwortet werden.

Ich weiss Bescheid …	Ja	Nein
über die Herkunft und den tatsächlichen Umfang des Familienvermögens		
wer unsere wichtigsten Geschäftspartner und Berater sind		
wer Entscheidungen im Zusammenhang mit dem Vermögen trifft, wer wie und mit welcher Kompetenz mitreden kann und wie über Entscheidungen informiert wird		
welche Familienwerte wir vertreten und wofür unsere Familie einsteht		
über meine eigenen Werte und auch, ob und wie sie sich von den Familienwerten unterscheiden		
welche Optionen mir im Zusammenhang mit dem Familienvermögen offenstehen, welche für mich attraktiv sind und wie ich mich auf diese Rollen vorbereiten möchte		
welche Themen mich im Zusammenhang mit dem Vermögen interessieren und wie ich mehr dazu erfahren kann		
welche negativen Auswirkungen das Familienvermögen bis heute auf mich hatte und wie ich damit umgehen kann		
was ich tun muss, sollte meinen Eltern etwas zustossen		

Je mehr Fragen mit nein beantwortet werden, desto unklarer bleibt das Gesamtbild und desto schwieriger wird es, fundierte Entscheidungen zu treffen. Wir haben uns über ein mögliches Tool Gedanken gemacht, dass dazu führen kann, dass die meisten obenerwähnten Fragen mit einem Ja beantwortet werden können. Dafür haben wir die Frey-Stamm-Methode (FSM) entwickelt, welche wir im übernächsten Unterkapitel vorstellen möchten.

Innerfamiliäre Kommunikation

Wenn die Erbengeneration den Prozess anstossen will, sind insbesondere drei Faktoren entscheidend: der richtige Zeitpunkt, gemeinsames Handeln und ein behutsames Vorgehen.

Der richtige Zeitpunkt: In welchem Alter soll man auf die Eltern zugehen? Wir sind der Meinung, dass man dies mit etwa 25 Jahren tun kann, wenn man einen gewissen Selbständigkeitsgrad erreicht, einen steten Freundeskreis und eine Partnerschaft aufgebaut und eine Ausbildung abgeschlossen hat oder auf dem besten Weg dazu ist. Sprich: Wenn man ein bisschen erwachsen, vernünftig und glaubwürdig im Umgang mit Geld geworden ist. Bei Geschwistern mit einem nicht zu grossen Altersunterschied könnte man auch das Durchschnittsalter 25 zum Mass nehmen. Wir glauben, dass in funktionierenden Geschwisterbeziehungen zum Beispiel eine 28-jährige Tochter einen gewissen Einfluss auf ihren 22-jährigen Bruder hat. Darum sollte die Tochter nicht unbedingt warten müssen, bis der Bruder 25 und sie 31 wird. Das finden wir eher spät, um über Vermögen zu sprechen.

Aber es gibt auch ein zu früh. Man sollte den Teenagern ihre jugendliche Unbeschwertheit belassen und sie nicht zu Themen zwingen, die in dieser Alterskategorie wenig Relevanz haben. Zudem machen Eltern ihren Kindern in diesem Alter eher einen Gefallen, wenn die Jugendzeit so normal wie möglich ausfällt und sich nicht wesentlich von derjenigen ihrer Freunde unterscheidet. Luxus mit 13 Jahren kann ungewünschte Auswirkungen auf die eigenständige Entwicklung von Heranwachsenden haben.

Gemeinsames Handeln: Das Gefühl, nicht auf dem gleichen Wissenstand zu sein, wie die Geschwister, ist unangenehm und abwertend. Wieso wissen mein Bruder und meine Schwester mehr als ich und wieso kommt mir nicht dieselbe Anerkennung zu? Wir haben die Erfahrung gemacht, dass asynchrone Kommunikation Unfrieden schafft. Das familiäre Vermögen geht alle an und Eltern, die diesem Umstand Rechnung tragen, ernten von ihren Kindern das Vertrauen, dass der Weg gemeinsam gegangen wird. Sie fühlen sich animiert, mitzumachen. Eine gute Basis, dass Schritte umgesetzt werden, die einer Konsensentscheidung entspringen. Das mag mehr Zeit und Energie in Anspruch nehmen. Aber: Danach wird seltener gestritten.

Behutsames Vorgehen: Man soll nicht mit der Tür ins Haus fallen. Sich auf das Vermögen vorzubereiten, bedeutet nicht, es sogleich übernehmen zu wollen. Man sollte diese zwei Dinge für sich selbst und für die Eltern klar trennen. Das Bedürfnis der nachfolgenden Generation, mit ihren Eltern über das Vermögen zu sprechen und informiert zu werden, ist berechtigt. Es kann für die Eltern aber bedrohlich wirken, weil sie Hintergedanken vermuten könnten. Wenn sie sich nicht offen für ein Gespräch zeigen und dieses verschieben wollen, kann man durchaus – taktvoll – auf die Konsequenzen hinweisen, die im nachstehenden Exkurs «Der plötzliche Todesfall» geschildert sind. Noch besser aber beginnt man den Prozess langsam und spielerisch, wie in Kapitel 5 beschrieben.

Die Frey-Stamm-Methode (FSM): Schritte zur Vorbereitung auf das Vermögen

Auf manche Aspekte des Vermögendwerdens kann und muss man sich individuell vorbereiten, etwa die Reflexion darüber, welche guten Zwecke einem am Herzen liegen. Weitere bedürfen der Verständigung mit der Familie und anderen Menschen, die sich mit dem Thema Vermögensübergabe auseinandergesetzt haben. Der Vorgang und das notwendige innere Wachstum benötigen Zeit. Deshalb sollte man nicht zu lange warten, mit dem Prozess zu beginnen. Im Folgenden haben wir die grundlegenden Schritte zusammengefasst.

Die Frey-Stamm-Methode (FSM): Schritte zur Vorbereitung auf das Vermögen		
Familienvermögen	Im Austausch mit allen Familienmitgliedern, zum Beispiel auf Familiensitzungen, lerne ich die Herkunft, Komplexität und Organisation der materiellen Werte meiner Familie kennen.	→ siehe dazu auch Kapitel 5, ab S. 81
Rollendefinition	Ich werde mir bewusst, welche Form der Mitarbeit ich leisten kann und was die Familie von mir erwartet. Ich kenne meine Stärken und Schwächen als mögliche NutzniesserIn, VerwalterIn, UnternehmerIn, PhilanthropIn oder InvestorIn.	→ siehe dazu Kapitel 3, ab S. 45 → siehe dazu Kapitel 4, ab S. 65
Ethik und Wertediskussion	Ich weiss, für welche Werte unsere Familie einsteht und welche familiären Traditionen sie lebt. Ich kenne die Dissonanzen mit meinen eigenen Werten. Ich weiss, welche Traditionen ich weiterführen möchte und was ich anders machen werde. Ich kann beurteilen, welchen Einfluss dies für meine zukünftige Übernahme von Vermögenswerten bedeutet und welche Rolle das Vermögen in meinem Leben spielen soll.	→ siehe dazu Kapitel 7, ab S. 105
Ydentifikation	Ich kenne meine Präferenzen, weiss, was mich antreibt, mit welchen Aufgaben ich mich identifizieren kann und was meine Mission ist. Die Wissenslücken für die Übernahme meiner zukünftigen Aufgaben habe ich identifiziert und mir einen Lehrplan erarbeitet, um sie zu füllen.	→ siehe dazu Kapitel 8, ab S. 115 → siehe dazu Kapitel 9, ab S. 131
Sippe	Ich habe mir ein Netzwerk an Peers, Beratern, Vertrauenspersonen und Mentoren aufgebaut und kann mich mit ihnen austauschen. Allfällige Vorbilder habe ich identifiziert. Ich weiss, wie andere Familien vorgehen, oder kann mich mit Beratern von anderen Familien austauschen.	→ siehe dazu Kapitel 11, ab S. 157
Todesfall	Sollte meinen potentiellen Erblassern plötzlich etwas zustossen, bin ich vorbereitet, um den Vermögensübergang sicherzustellen. Ich weiss, was zu tun ist, kenne die Checklisten und habe Zugriff zu allen relevanten Dokumenten (wie Patientenverfügung, Vorsorgeauftrag, Erbvertrag, Testament).	→ siehe dazu Kapitel 6, ab S. 93 → Exkurs «Der plötzliche Todesfall» in Kapitel 12, ab S. 174

Die Frey-Stamm-Methode (FSM): Schritte zur Vorbereitung auf das Vermögen		
Autonomie	Ich arbeite am kontinuierlichen Auf- und Ausbau meines Vermögensverständnisses und stärke damit mein Vertrauen in mich und meine Fähigkeiten, mit dem Vermögen umgehen zu können.	→ siehe dazu alle Kapitel und «Von Geld und Werten»
Mein Erbe	Ich denke darüber nach, was ich dereinst an meine (allfälligen) Nachkommen und die Allgemeinheit weitergeben möchte. Spätestens bei der Geburt meiner Kinder oder wenn ich das 40. Altersjahr erreicht habe, habe ich die entsprechenden Dokumente vorbereitet und sichergestellt, dass sie einer Vertrauensperson bekannt sind, die darauf zugreifen kann.	→ siehe dazu Kapitel 6, ab S. 93
Mission	Für Vermögen ab einer gewissen Grösse sind, wie erwähnt, regelmässige Familiensitzungen sinnvoll. Diese Sitzungen sollten einen offiziellen Charakter erhalten, klar strukturiert sein und einer gewissen Disziplin folgen. Vielfach werden nach einem ersten Zyklus von vier bis acht Sitzungen wiederkehrende und wichtige Punkte in einem Familienleitbild *(Mission Statement)* festgehalten. Eine externe Begleitung sollte zumindest besprochen werden.	→ siehe dazu Kapitel 10, ab S. 143

«Du willst nicht? Ich schon!»

In manchen Familien ist die Kommunikation gestört. Es herrscht Streit oder Unverständnis, die Transparenz fehlt, die Erben werden ungleich behandelt, bei oder nach einer Scheidung kommt es zu Spannungen. In solchen Situationen ist es schwierig oder unmöglich, sich gemeinsam auf den Vermögensübergang vorzubereiten. Als künftiger Erbe ist man dieser Situation ausgeliefert. Einige der oben beschriebenen Punkte kann man auch selbst, ohne Unterstützung der Eltern erarbeiten.

Einer der Autoren hat eine vierköpfige Familie in solch einem Prozess begleitet. Der Nachfahre eines erfolgreichen Geschäftsmannes, der auch im hohen Alter nicht bereit war, das Steuer aus der Hand zu geben, wollte sich und seine Familie auf den Tag X vorbereiten. Die Familie wusste ungefähr über das Vermögen Bescheid. Sie beschloss, den geschilderten Prozess für sich durchzuführen. Das Resultat war akzeptabel: Der Moment, der unweigerlich einmal auf sie zukommen sollte, hatte an Bedrohlichkeit verloren. Die Familie konnte sich auf einen Umgang einigen.

Exkurs: Der plötzliche Todesfall

Wie kann es einem Nachfolger ergehen, der sich nicht auf den Vermögensübergang vorbereitet? Georg Bergers Fall steht exemplarisch dafür, dass man als übergebende Generation nicht zu lange warten sollte, um seine Kinder mit ins Boot zu holen. Manche UnternehmerInnen und Investoren der älteren Generation sind aber über das Pensionsalter hinaus von ihrer Unverzichtbarkeit überzeugt. Das nachfolgende Beispiel zeigt auf, was der frühe, unerwartete Todesfall eines Unternehmers für seine Familie bedeutete.

Kaum war Georg 17-jährig, starb sein Vater, ein Patron und erfolgreicher Schweizer Unternehmer in dritter Generation, der das Geschäft seiner Vorfahren erfolgreich ausgebaut hatte. Georg wuchs in einem behüteten Umfeld als Einzelkind auf. Wohl waren Georg und seine Mutter über den Geschäftsgang der Firma und die Liegenschaften informiert gewesen. Zuhause beim Nachtessen war viel darüber gesprochen worden. Trotzdem waren die beiden mit der neuen Situation überfordert. Niemand hatte damit gerechnet, dass das Unternehmen von einem Moment auf den anderen den Patron verlieren würde.

Georg stand zum Zeitpunkt des Todes seines Vaters vor der Matura. Danach ging er für ein Praktikum ins Ausland und musste den obligatorischen Militärdienst absolvieren. Die gesamte Verantwortung lastete nun auf den Schultern der Mutter. Bald wurde es ihr zu viel, sie wurde krank. Georg musste einspringen und seinen Vater im Verwaltungsrat der Familienfirma ersetzen – neben dem Wirtschaftsstudium, das er begonnen hatte. «Ich wurde sehr schnell erwachsen», sagt er in der Retrospektive. Die Berater seines Vaters schulten Georg im Bankgeschäft, der Vermögensverwaltung, in der Unternehmensführung und Liegenschaftsverwaltung. Georg musste rasch, in wenigen Jahren lernen, wofür andere Nachfolger zehn oder zwanzig Jahre Zeit haben. Zusätzlich musste er auch für die Mutter Entscheidungen fällen.

«Meine aktuelle Situation schränkt einerseits meine Freiheit ein, ist aber andererseits auch eine Riesenchance», sagt Georg. Offensichtlich ist er mit mehr Verantwortung konfrontiert als gleichaltrige Studenten. Georg sagt sich, dass es weitergehen müsse und die Chance sehe er darin, dass er aus dem was ist, das Bestmögliche machen wolle. Weiter wolle er mit dem Vermögen sorgsam umgehen, so wie es sein verstorbener Vater ihm vorgelebt habe. Sowohl sein Freundeskreis als auch seine Lebensgefährtin sind in diesem Prozess zu wichtigen Stützen geworden. Er muss sich nun wie ein Sechzigjähriger um die Firmennachfolge kümmern. Weiter verwaltet er den Teil des Vermögens, der ihn interessiert. «Für sehr viele Menschen ist Geld der Treiber. Dadurch, dass ich nicht vom Geld abhängig bin und nicht für Geld arbeiten muss, kann ich mir eine Beschäftigung suchen, die mich ausfüllt. Ich habe komplette Freiheit, gleichzeitig ist diese Freiheit auch eine Herausforderung», sagt Georg.

Auf unsere Frage, wie man sich auf das Vermögendsein vorbereiten könne, antwortet er:

> Es gibt keinen Crashkurs. Vieles wird einem mit den Werten des Elternhauses mitgegeben. Wie wird man sozialisiert? Die Erblasser sollten Vorkehrungen treffen, die es den Erben möglichst einfach machen, das Vermögen zu übernehmen. Die Jungen sollen ein breites Interesse mitbringen, für verschiedene Bereiche wie Wirtschaft, Recht, Umgang und Kommunikation mit Menschen, Hard- und Softskills und Philosophie. Die Welt hat beschränktes Mitleid oder Verständnis für den individuellen Hintergrund. Es besteht eine gewisse Ignoranz für Themen, die den einzelnen Menschen beschäftigen. Trotzdem: wenn man etwas erreichen will, muss man aus Rückschlägen das Beste machen.

Die Reise beginnen

Vermögen zu übernehmen ist ein Privileg, dem man sich nicht entziehen kann. Selbst der, der den Reichtum ablehnt, muss aktiv werden, das Erbe ausschlagen oder es in irgendeiner Form rückverteilen. Wer das Erbe annimmt, muss an sich arbeiten, denn Vermögen kann lähmen, erdrücken oder zu sinnentleertem Materialismus und arrogantem Verhalten verleiten. Einen gesunden Umgang mit Vermögen zu entwickeln braucht Zeit und Energie. Und wie so vieles, das nicht dringlich erscheint, geht es vergessen, weil man gerade mit anderen Dingen beschäftigt ist.

Man sollte das Thema dennoch aktiv angehen, denn Vermögen schafft Optionen und Perspektiven, die man ausloten sollte. Es zu nutzen und im besten Sinne im Zusammenhang mit den eigenen Fähigkeiten für sich selbst und die Gesellschaft einzusetzen, bedeutet Einfluss zu nehmen auf das, was einem wichtig ist. Gerade von diesem Standpunkt her erachten wir das Vermögen als ein Privileg.

Wir haben in der Praxis und durch die vertiefte Beschäftigung mit diesem Thema erkannt, dass die Aufgabe, sich ein Vermögen zu eigen zu machen, es zu besitzen, ohne davon besessen zu werden, nicht einfach eines Tages erledigt ist. Es ist eine Reise, auf der man sich verirren kann und Dinge tut, über die man Jahre später vielleicht den Kopf schüttelt. Das Ziel der Reise mag zu Beginn, und vielleicht auch später, verschwommen sein. Hat man genug getan oder doch nur ein Zwischenziel erreicht? Es hängt davon ab, wie ambitioniert die Ziele sind, die man sich setzt. Finanzielle Unabhängigkeit allein genügt nicht. Sie ist lediglich ein Werkzeug, ohne Form und Ziel. Vermögen bleibt leblos, bis man ihm Sinn und Richtung verleiht.

Wir sind überzeugt, dass auch die junge Generation diesen Weg einschlagen will. Die Beispiele in diesem Buch verdeutlichen ihr starkes Bedürfnis danach, Geld sinnvoll einzusetzen und eine positive Wirkung zu erzielen. Die blosse Vermehrung von Geld, ohne Rücksicht auf Mensch und Umwelt, ist für sie kein erstrebenswertes Ziel – besonders in Zeiten politischer Unsicherheit.

In welche Richtung möchte ich mit meinem familiären Hintergrund gehen und wofür lohnt es sich, einzutreten und mein Vermögen gezielt einzusetzen? Sobald der innere Kompass justiert ist und sich die

Magnetnadel eingependelt hat, kann ich aufbrechen. Doch die Visiermarke ist nicht starr, mit wachsendem Wissen und Erfahrung lässt sie sich anpassen. Fehler sind erlaubt und wertvoll, solang sie das Schiff nicht zum Kentern bringen.

Gerade dieser Prozess fasziniert uns als Autoren. Wir hoffen, dass dieses Buch das Verständnis für eine bewusste und reflektierte Vermögenskultur schärft, Orientierung bietet und ermutigt, die ersten oder nächsten Schritte zu gehen.

ANHANG

GLOSSAR

«Aspirational class»

Dieser Begriff wurde von Elizabeth Currid-Halkett in ihrem Buch «The Sum of Small Things» geprägt und bezeichnet eine neue, gebildete Elite, die sich durch ihr hohes kulturelles Kapital und einen unauffälligen, selektiven Konsum von der Masse abgrenzt und reine Statussymbole vermeidet.

Diversifiziertes Vermögen

Diversifiziertes Vermögen ist so strukturiert, dass das Kapital auf verschiedene Anlageklassen, Wertpapiere und Vermögenswerte verteilt wird. Diese Strategie zielt darauf ab, das Gesamtrisiko zu minimieren und zugleich eine stabile, ausgewogene Rendite zu sichern.

Due Diligence

Dieser Begriff beschreibt die sorgfältige Prüfung eines Unternehmens oder einer geschäftlichen Transaktion mit dem Ziel, eine fundierte Grundlage für einen Kauf- oder Investmententscheid zu schaffen.

Familienvermögen

Familienvermögen umfasst sämtliche materiellen Werte, die einen Handels- oder Marktwert besitzen und für die ein Käufer bereit wäre, einen Preis zu zahlen, sowie das liquide Vermögen einer Familie. Dazu gehören unter anderem Bankguthaben, Depotwerte, Immobilien, Grundstücke, Unternehmensbeteiligungen, Edelmetalle, Kunstsammlungen oder landwirtschaftliche Betriebe.

Familienwerte

Das Wort beschreibt die traditionellen Werte, die innerhalb einer Familie gelebt und gefördert werden. Familienwerte umfassen Überzeugungen, Einstellungen und Ideale, die das Zusammenleben und die Interaktionen der Familie prägen, wie Ehrlichkeit, Verantwortung, Hilfsbereitschaft.

Family Governance

Unter Family Governance verstehen die Autoren die Bildung einer nachhaltigen und wertebasierten Familienstruktur in Bezug auf die Verwaltung des Familienvermögens und dessen Übergang an die nächste Generation. Der Begriff «familienbasierte Vermögens- und Unternehmerstrategie» übersetzt Family Governance nur teilweise.

Family-Governance-Prozess

Es handelt sich dabei um einen Prozess zur Organisation des Familienvermögens über Generationen. Für die Autoren ist es ein sechsstufiger Prozess, der alle zur Familie zählenden Mitglieder inkludiert, um sich mit dem Vermögen vertraut zu machen und dessen Sinn und Zweck zu kennen. Dieser Prozess kann unter anderem dazu führen, dass Zuständigkeiten neu geregelt werden und dass sich die Nachkommen darauf vorbereiten können, mehr Verantwortung zu übernehmen. Ein möglicher Ausfluss dieses Prozesses ist ein von allen unterzeichnetes Familienleitbild.

Family Office

Das Family Office ist ein Unternehmen, das Familien mit komplexeren Vermögensverhältnissen ganzheitlich beratet und Aufgaben übernimmt, die die Familie delegieren möchte. Häufige Aufgaben sind unter anderem die liquide Vermögensverwaltung, das Investieren in nicht kotierte Anlagen oder Beteiligungen, Impact Investments und Philanthropie Beratung, die Rechts- und Steuerberatung, die Nachlassplanung und die Family Governance. Ein Single Family Office kümmert sich dabei exklusiv um eine Familie, während ein Multi Family Office mehrere Familien betreut.

«Finfluencer»

Der Begriff setzt sich aus den Wörtern Finance und Influencer zusammen. «Finfluencer» sind typischerweise junge Menschen, die auf sozialen Netzwerken wie TikTok, Instagram und YouTube Finanzwissen vermitteln und persönliche Erfahrungen zum Thema Geld teilen.

Gebundenes Vermögen

Es handelt sich dabei um Vermögen, das nicht liquide und auf lange Sicht angelegt ist, wie zum Beispiel Unternehmensanteile, Beteiligungen in nicht börsenkotierte Unternehmen (Private Equity/Venture Capital), Immobilien, Agrar- und Forstwirtschaft, Impact-Investments. Im Gegensatz zum liquiden Vermögen lässt sich dieses nicht unmittelbar in Bargeld umwandeln.

Impact-Investments

Der Begriff beschreibt Investitionen, die nicht nur finanzielle Rendite erwirtschaften, sondern auch eine messbare positive Wirkung auf Umwelt und Gesellschaft erzielen sollen.

Inneres und äusseres Vermögen

Das innere Vermögen ist die Kompetenz, die sich ein Mitglied einer finanziell privilegierten Familie erwirbt, um entscheiden zu können, was mit dem Vermögen zu tun ist. Beim äusseren Vermögen geht es um alle Vermögenswerte, die im Besitze einer Familie sind. Je grösser das äussere Vermögen ist, desto stärker gilt es, das innere Vermögen zu entwickeln, um den damit einhergehenden Herausforderungen gewachsen zu sein.

Konzentriertes Vermögen

Das Gegenteil von diversifiziertem Vermögen. Eine Unternehmerin ist meistens mit einer grossen Mehrheit ihres Kapitals in der Firma investiert. Eine Wertanlage, die sie steuern und beeinflussen kann. Wandelt man sich von der Unternehmerin zur Investorin, geht es darum, das Vermögen aus Risikogründen zu diversifizieren.

Liquides Vermögen

Liquides Vermögen sind die Werte, die rasch und ohne wesentlichen Wertverlust in Bargeld umgewandelt werden können, beispielsweise Bankguthaben, börsenkotierte Aktien und Obligationen, kollektive Anlageinstrumente wie etwa Fonds, liquide Hedgefonds.

Maslow'sche Pyramide

Dieser Terminus bezeichnet ein von dem Psychologen Abraham Maslow entwickeltes sozialpsychologisches Modell, das menschliche Bedürfnisse in einer hierarchischen Struktur darstellt. Die Bedürfnisse einer niedrigen Stufe müssen erfüllt sein, bevor die Bedürfnisse der nächsthöheren Stufe relevant werden. Auf der untersten Ebene finden sich die physiologischen Bedürfnisse wie Nahrung und Schlaf, auf der nächsten Sicherheit, sodann folgen die sozialen Bedürfnisse wie der Wunsch nach Zugehörigkeit, auf der vierten Stufe stehen Individualbedürfnisse, beispielsweise Anerkennung, und auf der höchsten Selbstverwirklichung.

Philanthropie

Philanthropie umfasst jede private freiwillige Handlung für einen gemeinnützigen Zweck.

«Polycapital»

Dieses Konzept umfasst verschiedene Arten von Kapital und beschreibt deren strategische Kombination für eine positive Wirkung. Es geht über das traditionelle Verständnis von finanziellem Kapital hinaus und beinhaltet unter anderem soziales Kapital in Form von Netzwerken und Beziehungen, politisches Kapital und Einfluss sowie berufliche Fähigkeiten.

«Probesterben»

Die Autoren verstehen darunter das Durchexerzieren eines (glücklicherweise) noch nicht eingetretenen Todesfalles in einer Familie und dessen mögliche Konsequenzen. Ziel ist es, sich auf diesen Moment vorzubereiten, um beim Eintreten zu wissen, was zu tun ist um nicht von den Ereignissen überrollt zu werden.

Reichtum

Menschen sind reich, wenn sie über deutlich mehr Geld verfügen, als sie für ein Leben in Würde benötigen.

Stiftung (gemeinnützig)

Unter einer gemeinnützigen Stiftung wird eine rechtlich und wirtschaftlich selbstständige Einrichtung verstanden, bei der das Stiftungskapital oder dessen Erträge einem bestimmten, gemeinnützigen Zweck folgen. In den meisten Ländern sind Stiftungen steuerbefreit.

Systemic Investing

Dieser ganzheitliche Investitionsansatz zielt darauf ab, tiefgreifende strukturelle Veränderungen zu bewirken. Investitionsentscheidungen werden nicht isoliert getroffen, sondern unter Berücksichtigung der Wechselwirkungen verschiedener Systeme (z. B. Wirtschaft, Umwelt und Gesellschaft).

Vermögensdynastie

Im Zusammenhang mit diesem Buch verstehen wir darunter, dass sich ein Familienvermögen über Generationen halten oder vergrössern kann. Es werden dabei Massnahmen und Handlungen verfolgt, die eine intergenerationelle Vermögensgenese begünstigen. Dabei geht es um die langfristige Optimierung des Familienvermögens, zu deren Umsetzung meistens die Zusammenarbeit mit einem Family Office gesucht wird.

INTERVIEW- UND GESPRÄCHSPARTNER

Name	Vorname	Textstellen	Tätigkeit
(* = Pseudonym)			
Andina*	Claudio	110, 113, 128	Bankberater (CH/I)
Beck*	Alex	28, 54 f., 72	Anwalt, Unternehmer (CH)
Berger*	Georg	40, 60, 128, 174 f.	Unternehmer, Investor (CH)
Brome*	Noemi	60, 72, 120, 127 f., 161	Investorin (F/CH)
Conrad*	Emily	30, 129	Lebensmittelwissenschaftlerin (CH)
Coolidge*	Hector	25–28, 30, 40 ff., 58, 150, 159	Unternehmer im Bereich Kunst und Design (GB)
Cordes*	Jasper	34 f., 60, 120, 124	Jurist (D/CH)
Erling*	Trix	151	Impact-Investorin und Philanthropin (CH/USA)
Foster*	Juan-Ignacio	111	Philosoph, Unternehmer (Südamerika, USA)
Gmür*	Patrice	73–78	Betriebswirtschafter (CH)
Halter	Frank	56, 111, 120, 124, 126	Gründer und Inhaber der Firma St. Galler Nachfolge Praxis (CH)
Hambra	Jorge Omar	103, 107, 110, 120 f., 130	Unternehmensberater (ARG)
Hansch	Dietmar	69 f.	Dr. med., Internist und Psychotherapeut (CH)
Hauss*	Frank	53, 68 f.	Unternehmer, Berater (D/CH)
Jost*	Dimitri	32, 48, 61, 111	Architekt, Eidg. Technische Hochschule ETH (CH)
Kunz*	Freya	135	Unternehmerin (DK)
Langkammer	Anna-Sophie	54, 132, 139, 168	Leiterin eines Family Office (D)
Lauper*	Tim	27, 52, 102, 106, 113, 118, 159	Maschinenbauingenieur, Eidg. Technische Hochschule ETH (CH)
Locke*	Judith	38, 48, 50, 60, 102, 133 f., 147, 160	Sozialwissenschaftlerin (CH)
Manor*	Claire	29 f., 61, 102, 113, 123, 148	Partnerin eines Family Office (CH)
Marti*	Manuela	57, 103, 107, 110, 121	Unternehmerin (CH)
Megerle	Marcel	52 f.	Strategie- und Kulturbegleiter für Unternehmerfamilien (D/CH)
Meister*	Jan	72, 129	Betriebswirtschaftler (CH)
Meister*	Marcel	72, 129	kaufmännischer Angestellter (CH)
Pauli*	Valentina	32 f., 48, 57, 129, 147	Dr. med. (CH)
von Regensburg*	Tina	56, 61 f., 72, 102, 117 f.	Betriebswirtschaftlerin (D)

Reusser*	Thomas	55 f., 110	Bankberater im Bereich Unternehmerfamilien (CH)
Sand*	Miranda	91, 121, 128, 134	Soziologin (CH)
Schweizer*	Brenda	50 ff., 60, 71, 128	Filmregisseurin und Dozentin (CH)
Staufer*	Evelyne	119	Wirtschaftsstudentin (CH)
Thormann*	Daniel	31, 43, 54, 79, 148	Start-up-Unternehmer (CH)
Tis*		51, 58, 60, 70 f., 113, 147	Sprachlehrperson (CH)
Vanotti*	Laure	50, 69, 150, 159	Psychoonkologin (CH)
Wanner*	Florian	33 f., 48 ff., 54, 61, 72, 103, 119	Unternehmer (A)
Wiedmer*	Chloé	73–78	Psychologin (CH)
Walser*	Mathis	73–78	Betriebswirtschaftler und Statistiker (CH)
Zürcher*	Thea	68, 73–78	Sportwissenschaftlerin (CH)

INTERVIEWFRAGEN

0. Generelle Fragen zu Person, Alter, Ausbildung, Beruf, Familie
1. Wie bist Du aufgewachsen, was hat Dich geprägt im Zusammenhang mit dem Vermögen/Unternehmen/Geld?
2. Welche Herausforderungen in der familiären Konstellation haben sich ergeben?
3. Wie bescheiden oder wie privilegiert will man sich verhalten?
4. Wie dominant sind/waren Wirtschaftsthemen in der Familie (Trennung zu Privatleben)?
5. Gab es Momente, wo Du Dir wünschtest, in einer *normalen* Familie aufgewachsen zu sein?
6. Was sind Deine Werte im Zusammenhang mit Geld?
7. Wenn überhaupt: kann man sich auf das Vermögen vorbereiten?
8. Hat man aufgrund des (Vermögens)Privilegs eine Verpflichtung zu moralischem Handeln?
9. Willst Du dereinst auch etwas an Deine nächste Generation weitergeben?
10. Wie stellst Du Dich zu einer möglichen Erbschaftssteuer?
11. Denkst Du Erben haben Anrecht auf das Vermögen ihrer Eltern?
12. Findest Du es richtig, wenn Eltern Bedingungen an den Vermögensübergang stellen?
13. Was ist das Schönste, was man mit Geld tun kann?
14. Was würdest Du mit Geld nie machen kann, obwohl es innerhalb Deiner finanziellen Möglichkeiten liegt?
15. Wie stehst Du zur Aussage des CH-Schauspielers Bruno Ganz: «Menschen aus einfachen Verhältnissen haben einen stärkeren Willen zum Erfolg»?
16. Kannst Du es nachvollziehen, wenn jemand nicht erben will?
17. Was müssen BeraterInnen der Eltern tun, damit die Nachkommen auch weiterhin mit ihnen zusammenarbeiten werden?
18. Was glaubst Du, welche Themen den Vorfahren (Eltern/Grosseltern) schlaflose Nächte bereiten im Zusammenhang mit Geld/Vermögen?
19. Welche Themen bereiten Dir schlaflose Nächte im Zusammenhang mit Geld/Vermögen?
20. Wo siehst Du Dich in 10 Jahren, oder was wäre für Dich wünschenswert (auch im Zusammenhang mit der Vermögens-/Einkommenssituation)?

Frey/Stamm, 2023

LITERATURVERZEICHNIS

Bronfman, Charles/Solomon, Jeffrey (2010): The Art of Giving: Where the Soul Meets a Business Plan. Hoboken

Druyen, Thomas (2007): Goldkinder: Die Welt des Vermögens. Hamburg

Druyen, Thomas (Hrsg.) (2011): Vermögenskultur: Verantwortung im 21. Jahrhundert. Wiesbaden

Frey, Jorge/Stamm, Eugen (2019): Von Geld und Werten. Basel

Gallo, Eileen/Gallo, Jon (2002): Silver Spoon Kids: How Successful Parents Raise Responsible Children. New York

Goldseker, Sharna/Moody, Michael (2021): Generation Impact: How Next Gen Donors Are Revolutionizing Giving. Hoboken

Harnoncourt, Franz/Starhemberg, Georg (2011): Vermögenskultur. Verantwortung im 21. Jahrhundert. Berlin/Heidelberg

Jaskiewicz, Peter/Rau, Sabine B. (2021): Enabling Next Generation Legacies: 35 Questions that Next Generation Members in Enterprising Families Ask. Ottawa

Marcovici, Philip (2016): The Destructive Power of Family Wealth: A Guide to Succession Planning, Asset Protection, Taxation and Wealth Management. Hoboken

Neuhäuser, Christian (2018): Reichtum als moralisches Problem. Berlin

Nyffenegger, Frank H., (2023). Ist das Vererben von Vermögen aus moralischer Sicht problematisch? Philosophische, Theologische und Medizinische Fakultät der Universität Zürich

O'Neill, Jessie H. (1997): The Golden Ghetto: The Psychology of Affluence. Milwaukee

Ostrower, Francie (1997): Why the Wealthy Give: The Culture of Elite Philanthropy. Princeton

Pecunia Das ErbinnenNetzwerk e.V. (2016): Wir Erbinnen. Lübeck

Stanley, Thomas J./Stanley Fallaw, Sarah (2019): The Next Millionaire Next Door: Enduring Strategies for Building Wealth. Lanham

Weil, Philippe J. (2019): Woes of the Rich: Seeing Beyond the Money. Tel Aviv

Williams, Roy/Preisser, Vic (2014): Preparing Heirs: Five Steps to a Successful Transition of Family Wealth and Values. Bandon

PULP: «COMMON PEOPLE»

She came from Greece she had a thirst for knowledge
She studied sculpture at Saint Martin's College
That's where I
Caught her eye
She told me that her dad was loaded
I said, in that case I'll have rum and Coca-Cola
She said fine
And then in thirty seconds time she said
I wanna live like common people
I wanna do whatever common people do
Wanna sleep with common people
I wanna sleep with common people
Like you
Oh what else could I do
I said I'll, I'll see what I can do
I took her to a supermarket
I don't know why
But I had to start it somewhere
So it started there
I said pretend you've got no money
She just laughed and said
Oh you're so funny
I said; yeah
I can't see anyone else smiling in here
Are you sure?
You wanna live like common people
You wanna see whatever common people see
Wanna sleep with common people
You wanna sleep with common people
Like me
But she didn't understand
She just smiled and held my hand
Rent a flat above a shop
Cut your hair and get a job
Smoke some fags and play some pool
Pretend you never went to school
But still you'll never get it right

'Cause when you're laid in bed at night
Watching roaches climb the wall
If you called your dad he could stop it all, yeah
You'll never live like common people
You'll never do whatever common people do
You'll never fail like common people
You'll never watch your life slide out of view
And you dance and drink and screw
Because there's nothing else to do
Sing along with the common people
Sing along and it might just get you through
Laugh along with the common people
Laugh along even though they're really laughing at you
And the stupid things that you do
Because you think that poor is cool
Like a dog lying in a corner
They will bite you and never warn you
Look out, they'll tear your insides out
'Cause everybody hates a tourist
Especially one who thinks it's all such a laugh
Yeah and the chip stains and grease
Will come out in the bath
You will never understand
How it feels to live your life
With no meaning or control
And with nowhere left to go
You are amazed that they exist
And they burn so bright
Whilst you can only wonder why
Rent a flat above a shop
Cut your hair and get a job
Smoke some fags and play some pool
Pretend you never went to school
But still you'll never get it right
'Cause when you're laid in bed at night
Watching roaches climb the wall
If you called your dad he could stop it all
Yeah

Never live like common people
Never do what common people do
Never fail like common people
You'll never watch your life slide out of view
And then dance and drink and screw
Because there's nothing else to do
Wanna live with common people like you
Wanna live with common people like you
Wanna live with common people like you
Wanna live with common people like you
Wanna live with common people like you
Wanna live with common people like you
I wanna live with common people like you
Oh, la, la, la, la
Oh, la, la, la, la
Oh, la, la, la, la
Oh, la, la, la, la
Oh you

Quelle: Musixmatch
Songwriters: Russell Senior/Candida Doyle/Nick Banks/
Jarvis Cocker/Stephen Mackey

DANK

Wir danken allen, die sich für uns Zeit genommen haben, für ihre Offenheit, uns darüber zu erzählen, mit welcher Einstellung zu Geld und Vermögen sie aufgewachsen sind, wie sie dieser Umstand beschäftigt und beeinflusst hat und wie sie sich auf das Vermögen vorbereiten. Das Thema bewegt die nachfolgende Generation offensichtlich. Viele unserer Gesprächspartner machten sich schon vor dem Interview eingehend Gedanken zu den Fragen, die wir ihnen vorgängig per E-Mail zusandten. Sie haben auch, wie sie uns mitteilten, im Anschluss an unsere Gespräche den einen oder anderen Punkt in ihrer Familie thematisiert. Das freut uns.

Wir danken zahlreichen Personen, deren Denkanstösse, Sukkurs, Rat und Erfahrung in verschiedenen Formen in dieses Buch eingeflossen sind: der Erbenberaterin Matina Agiorgiti, dem Vermögensforscher Thomas Druyen, der Philanthropieexpertin Beate Eckhardt, Donna Hessel von der UBS, diversen Jungunternehmern, die durch Firmenverkauf früh vermögend geworden sind und sich mit uns über das Thema unterhalten haben, Nadine Kammerlander, Inhaberin des Lehrstuhls für Familienunternehmer an der Otto Beisheim School of Management (WHU), der Rechtsanwältin Sonja Kissling, Gründerin von Family Business Matters, Sebastian Klein, Mitgründer von Neue Narrative, Christian Schiede von Schiede, Hülsbeck und Partner (SHP), dem Team des Center for Sustainable Finance and Private Wealth (CSP) der Universität Zürich, Adela Villanueva und Risto Väyrynen von The Impact Office, Peter Vogel, Professor für Familienunternehmen und Unternehmertum an der Business School for Management und Leadership Courses (IMD), Philippe J. Weil, Autor und Gründer eines Multi-Family-Office, Elena Zafirova, der Gründerin von Dionz.

Weiter danken wir Susanne Franzkeit, Harald S. Liehr, Sonja Peschutter und Anja Borkam für die publizistische Unterstützung und die Förderung unseres zweiten Buches bei NZZ Libro/Schwabe Verlag, dem Marcuard Family Office (MFO) in Zürich für die Infrastruktur, die Ressourcen und die unterstützende Haltung beim Schreiben dieses Buches, John Moser von der UBS Zürich für die Vermittlung von Gesprächspartnern und die Werbung für unser erstes und hoffentlich auch zweites Buch, Kim Schregenberger und der Agentur schwedin.ch für mediale Sichtbarkeit und Philemon Thalmann für Denkanstösse im letzten Kapitel.

Susanne, Clarissa und Hannah Frey, mit Philemon und Kevin, für den kontinuierlichen Dialog und dafür, dass es immer Raum zum Schreiben und zum Ideenaustausch gab, merci infiniment!